Sonja Weber

# Versammlung

## für gesunde Pferde und Reiten in Leichtigkeit

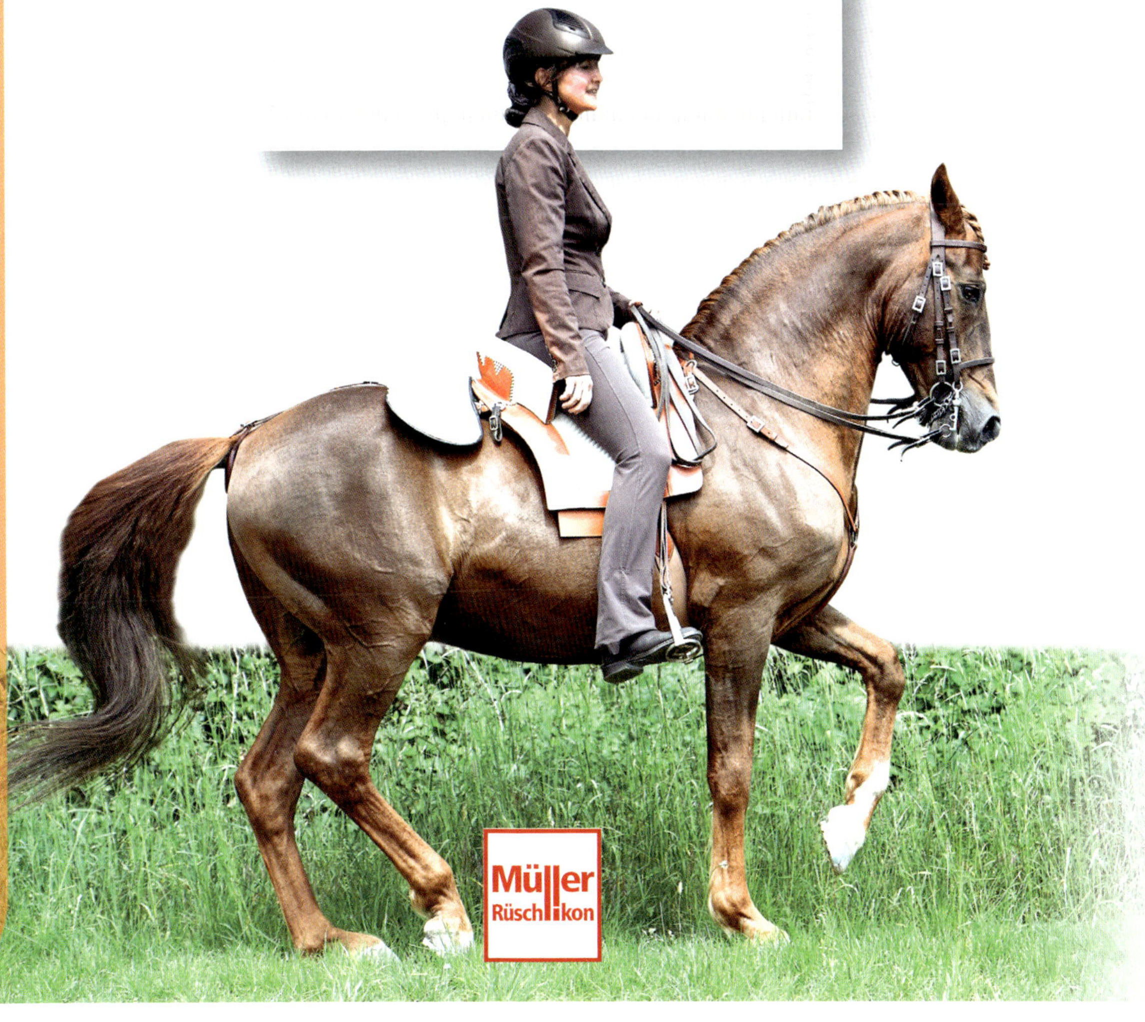

Müller Rüschlikon

# IMPRESSUM

Einbandgestaltung: R2 I Ravenstein, Verden
Titelfoto: Sabine Grosser
Rückseitenfoto: Ingmar Maurer
Fotos im Innenteil: Christine Kubec: S. 43; Chris Mühl: S. 63; Doug Laurent: S. 17 re; Ingmar Maurer: S. 27 li und unten, 39 li, 65, 69, 78 re; Jens Schweizerhof: S. 68 li; Lothar Lenz: S. 36 oben li; Mitschke: S. 42 re; Sabine Grosser: Titel, S. 7,8,14, 22 li, 27 re, 29 unten, 31 li, 48 unten, 54, 59, 66, 72, 82, 85 li; Sonja Weber: S. 13 re, 15,16,17 li, 28, 30, 39 re, 48 oben, 51, 56, 68, 71 re, 78 Mitte, 83, 85 re, 88 re, 89; Suse Capelle: S. 31 re, 36 unten, 42 li, 46, 75, 88 li; Svenja Hohmann-Koch: S. 29 oben, 71 li, 87; Thomas Janssen: S. 21, 22 re, 36 oben re; privat: S. 13 links, 31
Zeichnungen: Kerstin Diacont: S. 5, 6, 12, 15, 19, 20, 22, 25, 26, 28, 29, 49, 62



ISBN 978-3-275-02155-0


Postfach 103743, 70032 Stuttgart
Ein Unternehmen der Paul Pietsch Verlage GmbH & Co. KG

4. Auflage 2025

Sie finden uns im Internet unter www.mueller-rueschlikon-verlag.de



Lektorat: Claudia König
Innengestaltung: Kerstin Diacont
Druck und Bindung: DZS GRAFIK d.o.o, 1210 Ljubljana
Printed in Slovenia

INHALT

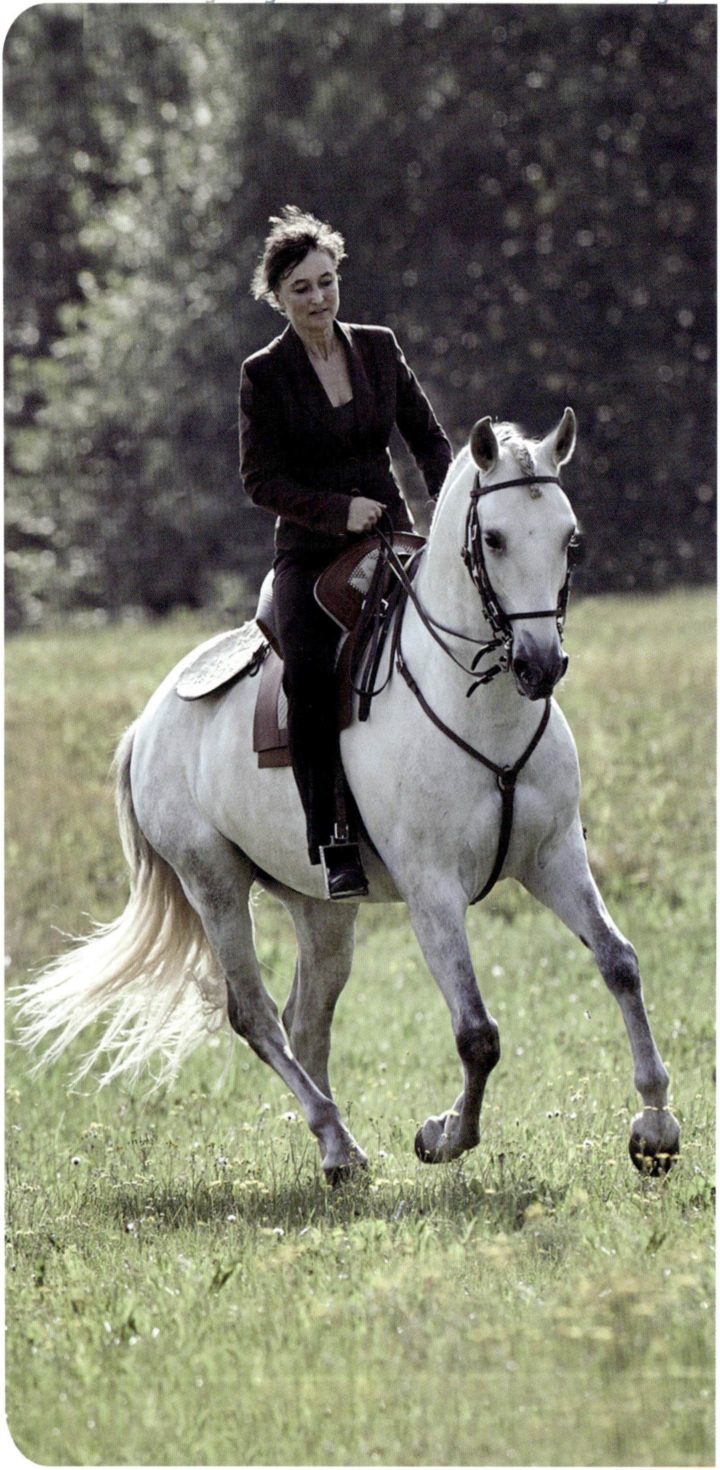

## Versammlung für gesunde Pferde und Reiten in Leichtigkeit

In diesem Buch spreche ich über das Thema **Versammlung als wichtigstem Ziel in der Ausbildung eines Reitpferdes**. Versammlung ist die Grundbedingung, um ein Reitpferd bis ins hohe Alter gesund zu halten. Meiner Meinung nach gibt es hierzulande so viele erkrankte und gehandicapte Reitpferde, weil in der reiterlichen Praxis die so wichtige Versammlung zu wenig erreicht wird. So wird der Tierarzt zum Dauergast im Reitstall. Mein zentrales Anliegen ist es, Ihnen zu erklären, wie Reiten in Leichtigkeit und damit die Gesunderhaltung Ihres Pferdes gelingen kann.

Meine These lautet: Die reiterliche Praxis hat sich so ungünstig entwickelt, weil **fundamentale Missverständnisse verhindern, dass reelle Versammlung entstehen kann**. Selbst die hoch bewerteten Ausbildungs-Ergebnisse in der Dressur auf olympischem Niveau sind im Allgemeinen nicht als reelle Versammlung zu deuten. Die Königslektion der Versammlung – die Piaffe – erfährt durch die V-Form eine Verfehlung aller wichtigen Parameter und dürfte nicht Piaffe genannt werden (siehe Seite 49 Abb. 39 Versammlungsfaktoren).

Ich möchte aufzeigen, wie diese Missverständnisse aussehen und aus welchen Quellen alter Meister sie entstanden sind. **Moderne Erkenntnisse aus Biomechanik und Wissenschaft liefern andere Beschreibungen für die Vorgänge im Pferdekörper und die Kräfte, die wirken, damit Versammlung gelingt.** So wird verständlich, warum es nur wenige zielführende Lösungsansätze geben kann, um das Pferd in seiner Funktionalität zu unterstützen und nicht durch den Reiter erheblich zu stören.

Abb. 1: links: Korrekte Piaffe nachgezeichnet aus der Heeresdienstvorschrift 12, die einst als Grundlage der FN-Richtlinien galt. rechts: Moderne V-förmige Piaffe (siehe blaue Linien) nachgezeichnet aus den aktuellen FN-Richtlinien Band 2, angepasst an die Bilder des Dressursports.

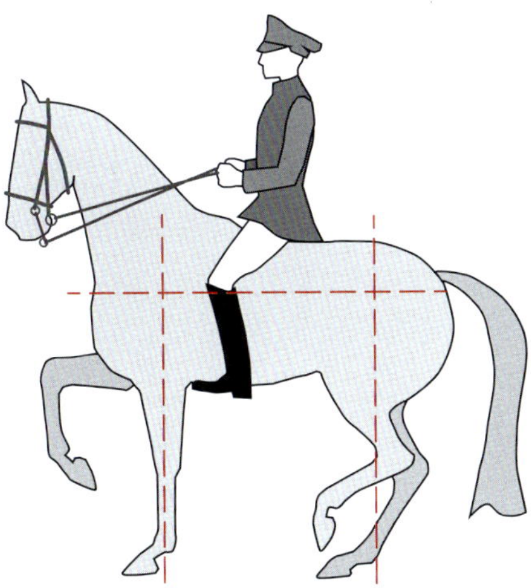

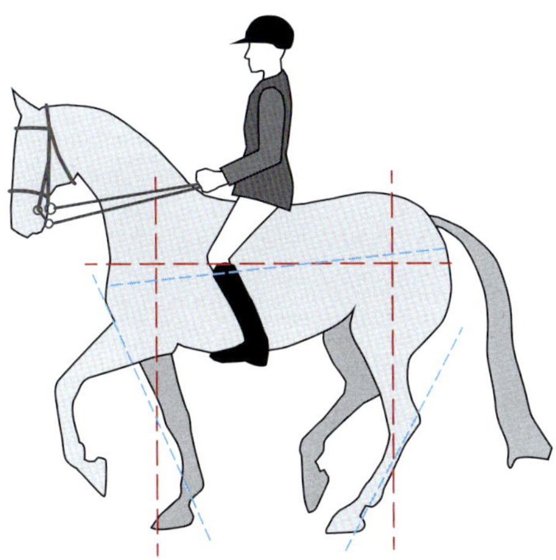

Mit meinen Anstößen, die zum Nachdenken und Umdenken anregen sollen, möchte ich Ihnen Vorschläge für die **praktische Reitpferdeausbildung** an die Hand geben. Ich konnte diese Erfahrungen in über 20 Jahren praktischer Arbeit als hauptberufliche Ausbilderin von Pferden und Reitern sammeln. Hinzu kommt eine Vielzahl an Weiterbildungen bei namhaften Reitlehrern unterschiedlicher Richtungen, mit denen ich mein Wissen Schritt für Schritt erweitern konnte. Ich habe es geschafft, dass unzählige Pferde wieder gesunden konnten und bis ins hohe Alter gesund blieben. Das sind Fakten, die für meine Art der Ausbildung sprechen.

Abb. 2: Nachgezeichnete V-förmige Piaffe (siehe gelbe Linien) auf der Olympiade. Alle wichtigen Parameter sind körperschädigend verändert: Nase hinter der Senkrechten; Vorhand kann nicht vertikal arbeiten, da sie zurückgestemmt ist; Hinterhand kann nicht federn, da sie steif unter den Körper nach vorne gestemmt ist; Lende ist hochgezogen und das Becken zu stark gekippt. Das dürfte nicht mehr Piaffe genannt werden.

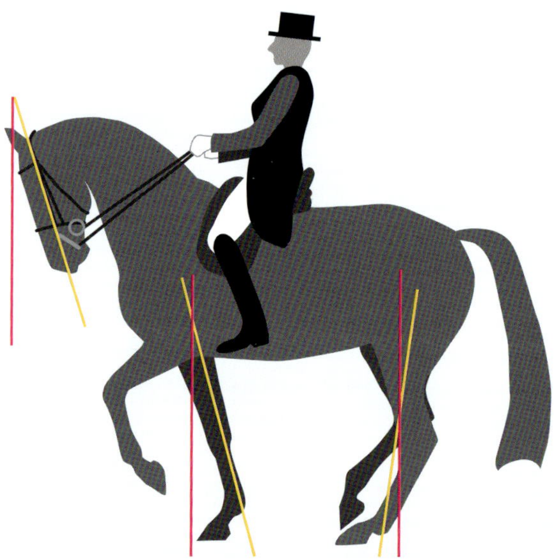

Mein methodischer Schwerpunkt liegt in der **französischen Reiterei**, aber ich habe mich auch in anderen Sparten umgesehen. Die Lehre der Franzosen und besonders die von François Baucher und seinen Schülern findet **vielfach Bestätigung**, wenn sie vor dem Hintergrund medizinischer und moderner Erkenntnisse betrachtet wird. Die **»Leichtigkeit«** oder auf Französisch die **»Légèreté«** spielt hier eine besondere Rolle. **Sie ist nicht nur »Geschmackssache«, sondern erfüllt wichtige Bedingungen, die für den voll funktionsfähigen Körper des Reitpferdes nötig sind.**

Im ersten Teil dieses Buches, dem theoretischen, trage ich die Beschreibungen zur Versammlung alter Meister und der FN zusammen und bewerte sie dann im Textverlauf. Weiter liefere ich eine Definition von Versammlung aus verschiedenen Perspektiven, Aspekten und Ansätzen. Ich werde in einem Kasten (S. 52 und 53) die Aussagen der Meister sammeln und in haltbare und nicht haltbare Ansätze aufteilen, damit Sie einen besseren Überblick bekommen. Anschließend zeige ich auf, was sich sinnvollerweise aus der entstandenen Kontroverse für die Praxis ergibt.

Im zweiten Teil dieses Buches geht es in die Praxis. Zunächst liefere ich die Art und Weise, wie praktische Übungen ausgeführt werden sollen. Zuletzt mache ich prägnante Übungsvorschläge für die Ausbildungsarbeit, die dem ernsthaft interessierten Reiter den Weg in die Versammlung ebnen können.

Vorab habe ich hier einige zentrale Punkte einander gegenübergestellt:

- Balance durch Langsamkeit und Aufrichtung **anstatt** Dehnungshaltung, die durch schiebende Geschwindigkeit Disbalance erzeugt.
- Ein stabilisierter Rücken mit korrekten Rotationen und einem zwischen den Schultern angehobenem Widerrist, der die Tragfähigkeit ermöglicht, **anstatt** eines schwingenden, instabilen Rückens, der zwischen den Schultern abgesackt ist und das Gewicht auf der Vorhand lässt.
- Die direkte Entwicklung der vertikalen Kräfte Federkraft und Stoßdämpfung, **anstatt** über den Umweg der horizontalen, schiebenden Kräfte in ihnen stecken zu bleiben.

Außerdem ist mein fundamentales Grundprinzip: **»Körperausbildung statt Lektionen«**. Lektionen haben keinen Selbstzweck und zunächst werden nur die Lektionen verwendet, die zweckmäßig für die aktuelle Situation des Pferdes sind. Erst wenn wir die Körperfunktionalität entwickeln konnten, können die Lektionen korrekt, nützlich und natürlich wunderschön werden!

Abb. 3: Korrekte Piaffe: Nase vor der Senkrechten; Genick höchster Punkt; Vorderbein kann in der Vertikalen den Brustkorb des Pferdes anheben und die Vorhand hat stoßdämpfende Wirkung; Lende korrekt; Hanken federnd in allen Gelenken gebeugt, arbeitet in der Vertikalen unter dem ISG. Der Lusitanohengst »Marialva« ist auf dem Foto 22 Jahre alt und fit durch gute Ausbildung!

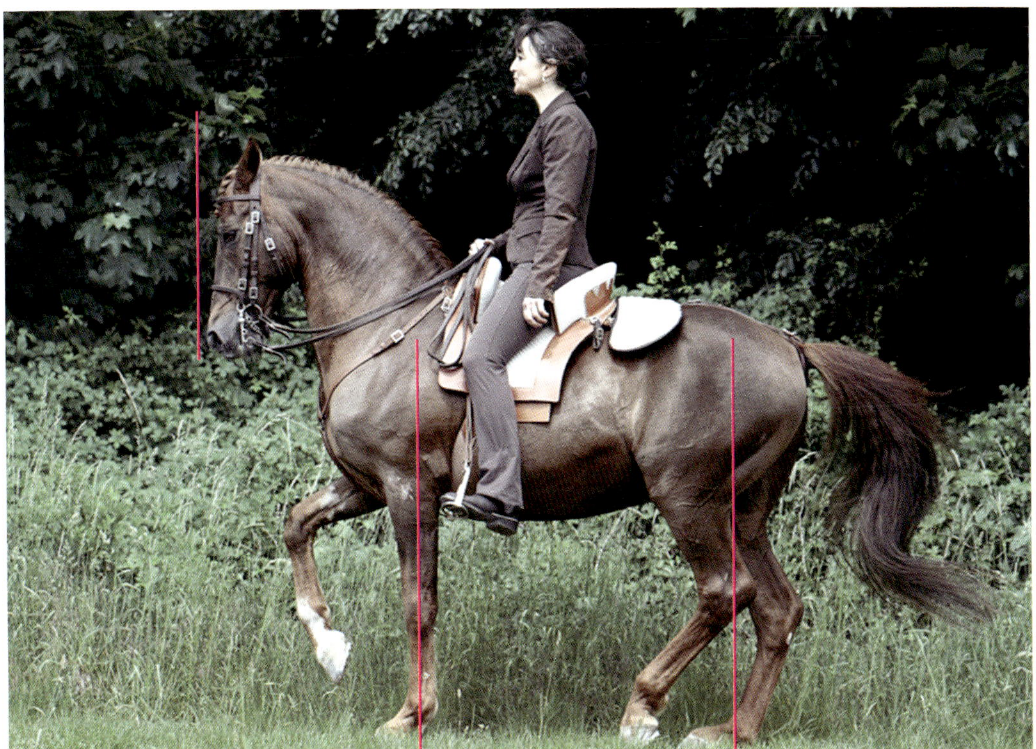

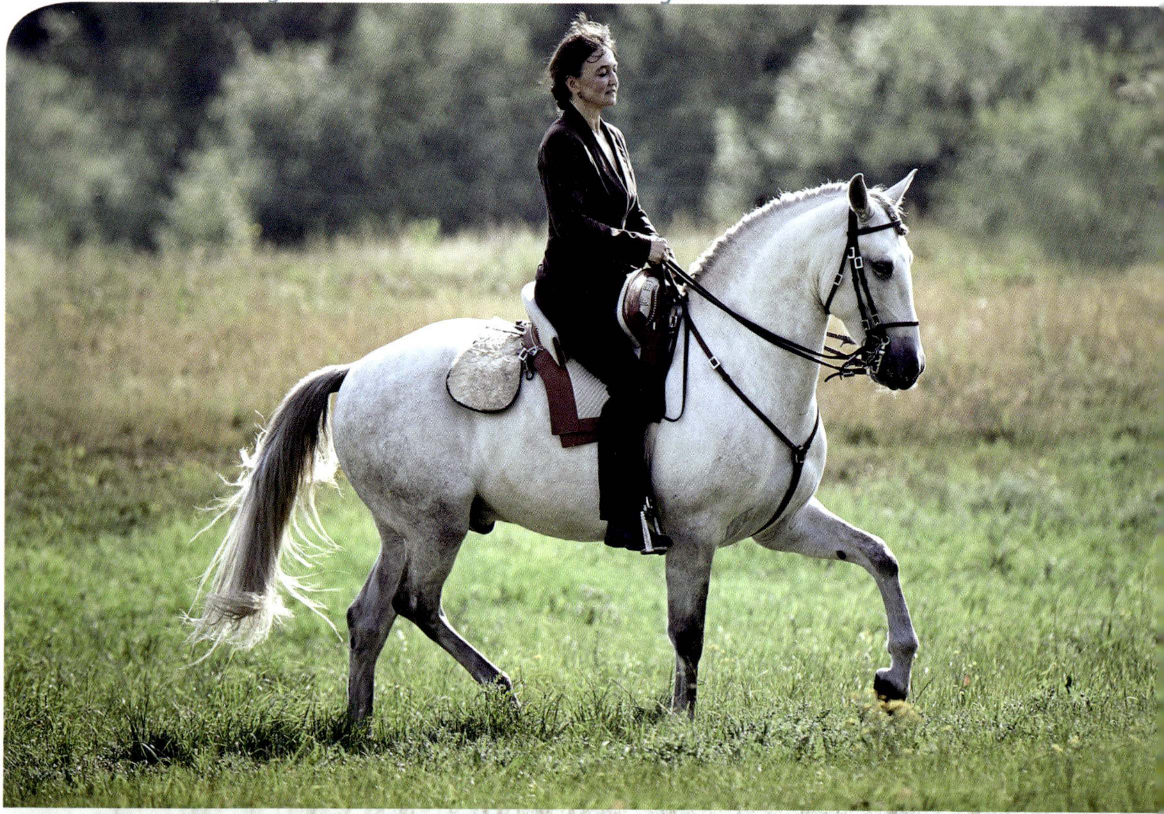

# Teil I
# Theorie der Versammlung

# Theoretische Auseinandersetzung mit dem Versammlungs-Begriff und den Notwendigkeiten der gesunderhaltenden Reitpferdeausbildung

## Versammlung aus der aktuellen deutschen Sicht

Da ich in Deutschland lebe und die Deutschen einen erheblichen Einfluss auf den internationalen Reitsport und auf den allgemeinen Breitensport haben, beginne ich mit den Ausführungen des Dachverbandes der deutschen Reiter, der Deutschen Reiterlichen Vereinigung, FN (Federation National).

Auf ihrer Webseite wird Versammlung in der Ausbildungsskala wie folgt beschrieben: »*Versammlung, leichtfüßiges Ausbalancieren auf kleinerer Grundfläche mit energisch herangeschlossenen Hinterbeinen in selbst getragener Haltung*« übergeordnet für diesen Ausbildungsabschnitt auch ***»Entwicklung der Tragkraft«*** (abgerufen am 1. Sept. 2018).

Eine detailliertere Ausführung zur Entwicklung von Versammlung liefern einige Auszüge aus den Richtlinien für Reiten und Fahren Band 2 der Deutschen Reiterlichen Vereinigung (Seite 35): *»Mit Hilfe des Schwunges und des Geraderichtens wird also die Versammlung erst ermöglicht.* ***Beide Hinterbeine fußen gleichmäßig in Richtung unter den Schwerpunkt und werden zu einer vermehrten Lastaufnahme veranlasst.*** *Durch die zunehmende Beugungsfähigkeit der Hanken senkt sich die Kruppe, und die Aufrichtung der Vorhand wird deutlicher. Die Tritte und Sprünge des Pferdes werden durch das vermehrte Beugen und Strecken der Hinterhand erhabener. (....) Die treibenden Hilfen sorgen zusammen mit fein abgestimmten Zügelhilfen dafür, dass der Schwung in die Versammlung mitgenommen wird. Der Impuls des Schwunges muss ohne Einschränkung über den* ***schwingenden Rücken*** *des Pferdes gleichmäßig zum Pferdemaul durchgelassen werden, um von dort, dank eben dieser feinen Zügelhilfen, bis zur Hinterhand durchzufließen. Erst durch diese wichtige Rückkopplung von korrekter Anlehnung, Schwung und Geraderichten kann der Reiter auf die Hinterhand Einfluss nehmen und die gewünschte Versammlung erreichen.«*

Soviel zu den offiziellen Aussagen der FN. Außerdem hört man in den Reithallen im Unterricht oder beim Durchstöbern von Fachmagazinen oder dem Internet, dass Versammlung bedeutet, **vermehrt Last auf die Hinterhand zu bringen. Der Pferderücken soll schwingen** und die Lende aufgewölbt werden. **Die Hinterbeine sollen weit unter das Gewicht treten**. Teilweise wird beschrieben, dass **die Hinterhufe weit über die Spuren der Vorderhufe fußen sollen. Eine Aufrichtung der Vorhand soll die Folge der Aktivität der Hinterhand und des aufgewölbten Rückens sein.**

Vorbereitend soll kräftig besonders **in Dehnungshaltung vorwärts getrabt werden, um die Schubkraft zu entwickeln. Durch das Untertreten** soll vermeintlich die Versammlung entstehen.

Über die Organisation der Vorhand und was sich bei ihrer Aufrichtung abspielen soll, wird wenig gesprochen. Meist wird von Problemen in Rücken und Hinterhand gesprochen, aber Probleme im Schultergürtel- und Widerristbereich werden kaum erwähnt.

## Wurzeln der Reitlehre laut FN

Um die Wurzeln dieser Aussagen besser beleuchten zu können zitiere ich zunächst zwei wichtige **Reitmeister der Vergangenheit**, die die deutsche Reitlehre stark geprägt haben:
der Deutsche **Gustav Steinbrecht** (1808–1885) und der Österreicher **Waldemar Seunig** (1887–1976).

**Gustav Steinbrecht** in seinem Standardwerk »Das Gymnasium des Pferdes« (Seite 74–76): *»Der Reiter soll nämlich nicht in erster Linie mit seinen Händen die Hinterhand belasten suchen, sondern durch seine vortreibenden Hilfen* ***die Hinterbeine veranlassen, mehr unter die Gewichtsmasse zu treten*** *und sich selbst dadurch zu belasten, wobei die Hände entweder passiv auszuhalten und das Pferd dadurch am Vorwärtsdrängen zu hindern, oder durch aktives Eingreifen, die sogenannten durchgehenden Arrets, die Gewichte zur Biegung der vortretenden Hinterschenkel noch nachdrücklicher zurückzuverlegen haben.(...) Das Belasten der Hinterhand, mit anderen Worten das Sammeln des Pferdes, muss daher von hinten her beginnen, indem der Reiter durch* ***doppelte Tätigkeit und Wachsamkeit seiner Schenkel die Hinterbeine zu lebhaften und entschlossenen Vorwärtsbewegungen anregt und sie dabei stets so gerichtet hält, dass sie gegen den Schwerpunkt der Gewichtsmasse wirken****. Diese wird nun durch die Hand des Reiters zurückgehalten, die durch die* ***Schubkraft*** *allmählich erzeugte Vorwärtsbewegung also so eingeschränkt, dass die Hinterbeine sich unter dem Gewicht, das sie nicht mehr meistern können, biegen müssen.«*

Steinbrecht betont, dass die Arbeit im **zügigen Vorwärtsgehen** stattfinden müsse und begründet dies auf Seite 81 wie folgt:
*»Um nun bei diesen Biegungen des Genicks und der Wirbelreihe den Widerstand der Hinterhand möglichst zu vermindern, muss das Pferd* ***zur Vorwärtsbewegung angehalten werden.*** *In freien,* ***entschiedenen Gängen*** *hat es abwechselnd ein, zwei oder drei Füße – in der freien Schwebe sogar alle vier – von der Erde erhoben, und daher ist nicht nur seine Fähigkeit zum Widerstand umso geringer, je weniger Stützpunkte es hat, sondern es ist auch seiner eigenen Sicherheit wegen dadurch zu einer richtigen Körperhaltung genötigt, um sein* ***Gleichgewicht*** *auch ohne diese Stützen aufrechtzuerhalten.«*

Einige Generationen später beschreibt **Waldemar Seunig** in seinem Standardwerk »Von der Koppel bis zur Kapriole« auf Seite 134 Folgendes: *»Versammlung in dressurmäßigem Sinne ist derjenige Zustand des Pferdes, in welchem es zur Zusammenfassung aller Kräfte zu einem bestimmten Zweck seine Vorhand durch* **ver-**

*mehrte* ***Lastaufnahme der gebeugten untertretenden Hinterhand*** *erleichtert. Je nach dem Grade der Versammlung können Haltung und Durchlässigkeit bis zu ihrem Höchstmaß gesteigert werden. Zur richtigen Versammlung ist es notwendig, dass* ***der Rücken eine stärkere Dehnung erfährt****. Diese erhöhte* ***elastische Spannung*** *entsteht dadurch, dass einerseits, wie schon bei der Aufrichtung erklärt, die Kruppen- und Gesäßmuskeln der gebeugten Hinterhand einen stärkeren Zug nach rückwärts-abwärts auf die mit ihnen in Verbindung stehenden Rückenmuskeln ausüben, andererseits infolge* ***Streckens von Hals und Kopf nach vorwärts-aufwärts*** *mittels des Nackenbandes ein Zug auf die Rückenmuskeln in entgegengesetzter Richtung stattfindet.«*

Die Empfehlungen der alten Meister verlassend hört man hierzulande folgende Empfehlungen zur Hilfengebung. Ich fasse diese wie folgt zusammen: Das Pferd soll durch **lebhafte, taktmäßige Schenkelhilfen** in die aushaltenden Hände getrieben werden, damit ein **»Spannungsbogen«** entstehen kann, der für einen **aufgewölbten schwingenden Rücken** sorgt.

Dabei soll eine deutliche **Anlehnung des Pferdes an das Gebiss entstehen**. Der Zügel soll anstehen und nicht mehr springen. Diese Anlehnung (oder auch Zug am Gebiss) erlaubt später das Pferd über das Gebiss wieder bis zu den Hinterbeinen setzen zu können. Der Sitz des Reiters soll diesen Vorgang durch Schieben und »Auswischen des Sattels« unterstützen. Das Pferd soll den Hals fallen lassen, damit sich der **Rücken entspannen** kann. So kann das Pferd **mit den Hinterbeinen weit unter den Körper und damit unter den Schwerpunkt treten** und sich versammeln.

## Reitmeister der Franzosen

Die Deutschen berufen sich auf den Franzosen **François Robichon de la Guérinière** (1688–1751) als Urvater ihrer Reitlehre. Lassen wir ihn aus seinem Standardwerk »Reitkunst« (S.180) über Versammlung zu Wort kommen:
*»Man sagt von einem Pferd: es lehne sich auf den Hanken, wenn es selbige unter sich senkt und biegt, indem es die Hinterfüße und Kniekehlen unter dem Bauch vorsetzt, und* ***auf den Hanken sich ein natürliches Gleichgewicht verschafft,*** *das der Vorhand, als dem schwächsten Theile, das Gegengewicht.«*

Um eine weitere Perspektive aufzuzeigen, lassen wir einen weiteren französischen Reitmeister, den damals wie heute in Deutschland sehr umstrittenen **François Baucher** (1796–1873) Versammlung definieren. Wir finden einige Parallelen zu den vorangegangenen Formulierungen (»Das neue System vom Reiten und Ausbilden – Grundsätze und Methoden« S. 91):
*»Wahres Versammeln besteht darin, dass man die Kräfte des Pferdes in seinem Mittelpunkt konzentriert, um so ein* ***mehr oder weniger akzentuiertes Untertreten der Hinterbeine unter die Mitte des Körpers*** *zu ermöglichen. Es gibt verschiedene Grade des Versammelns und diese Abstufungen sind absolut wesentlich, um für unterschiedliche Gänge und Schul-*

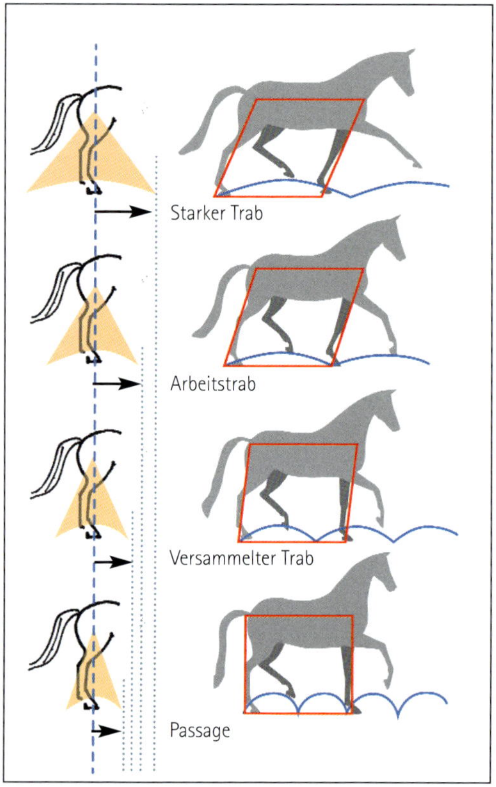


Abb. 4: Parallelität der Beinpaare im Trab und Untertreten: Wichtig in allen Phasen des Trabs ist die Parallelität der Beinpaare. In der Versammlung tritt das jeweilige Hinterbein nicht vermehrt unter den Pferdekörper, sondern sogar weniger, da sich die Trittlänge verkürzt, wie man an der unteren Zeichnung sehen kann. Die Bewegungen werden kürzer und erhabener. (Zeichnung in Anlehnung an Philippe Karl im Buch »Irrwege der modernen Dressur«)

*figuren die Einstellung korrekt vornehmen und die Ausführung flüssig und widerstandslos gestalten zu können.«* (s. Abb. 4)
An anderer Stelle weist er darauf hin, dass für die Versammlung das Beugen der Sprunggelenke eine fundamentale Rolle spielt.

Baucher (S. 93):
*»Versammlung ist für alle Übungen, in denen das aufwärts Moment und die Höhe der Bewegung wesentlich sind, absolut nötig, denn wenn das Pferd versammelt ist, dann überträgt sich die Beugung der Sprunggelenke mehr in einer nach oben als nach vorne gerichteten Bewegung.«*

**Versammlung und Leichtigkeit sind Glück und Hingabe!**
»... und sie werden die unbeschreibliche Freude kennenlernen, Pferde zu reiten, die andauernd in Légèreté sind. Für all meine vorherige Arbeit, in der ich nichts anderes suchte als die Glückseligkeit des Reiters und das Wohlbefinden des Pferdes, soll mir das die wahre Belohnung sein! (...) aber wenn ich fühle, dass mein Pferd fügsam und weich alle meine Anforderung ausführt, dass es ohne jeglichen Widerstand auf meine Gedanken reagiert und alle Übungen, die ich verlange, mit Anmut und in perfekter Légèreté anbietet, dann bin ich glücklich. So glücklich, dass mich das Geschrei der Neider und die Undankbarkeit der Plagiaten überhaupt nicht treffen können und dass ich nur einen Wunsch habe, meine Glückseligkeit mit anderen zu teilen.«
(Baucher S. 117)

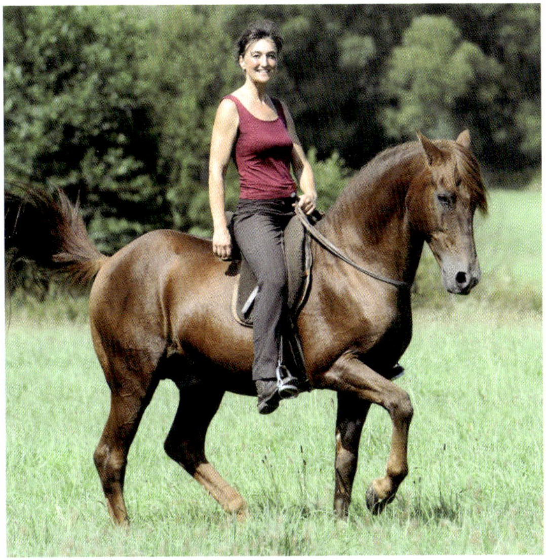

Abb. 5: Glück und Hingabe! Marialva 20-jährig in einer zaumlosen Piaffe, die aufzeigt, dass das Pferd im Gleichgewicht ist.

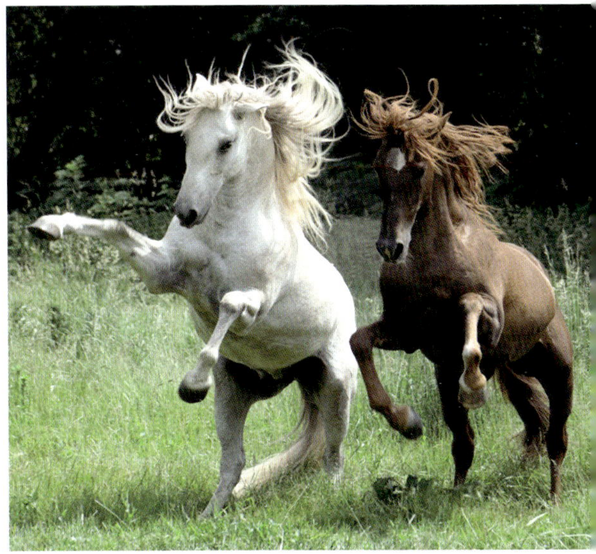

Abb. 6: Die Lusitanos »Finito«, 8-jährig, und »Marialva«, 25-jährig, in natürlich versammelter Haltung beim Spiel.

Machen wir einen Zeitsprung und nehmen die Arbeit des französischen Reitmeisters Jean-Claude Racinet (1929–2009) unter die Lupe. Er hat sich intensiv mit der Lehre von Baucher befasst und zeigt an vielen Stellen ganz andere Sachverhalte auf. Vieles widerspricht hier den deutschen Ansichten fundamental. Wir werden allerdings später sehen, dass die Erkenntnisse aus Biomechanik und Wissenschaft ihm recht geben. Besonders an Racinets Reitlehre ist auch, dass er sich mit der Arbeit des berühmten Osteopathen Dr. Dominique Giniaux auseinandergesetzt hat. Giniaux war der erste, der die Osteopathie an Pferden anwendete. Er lieferte dabei wichtige biomechanische Erkenntnisse, wie beispielsweise »Das dreidimensionale Gesetz«, welches besagt, dass sich die Wirbelsäule dreidimensional bewegt. Das Neue daran waren die »Axialen Rotationen«, welche die Wirbelsäule in der Bewegung des Pferdes ausführt. Ich werde auf den Seiten 28–30 ausführlich darauf eingehen, denn diese Erkenntnis ist absolut fundamental für das Verstehen von »echter« Versammlung.

Racinet beschreibt in seinem Buch »Auf dem falschen Fuß« **Versammlung als eine ganz natürliche Haltung, die das Pferd z. B. bei der Flucht einnimmt**. Ich behaupte, dass sie außerdem **beim Spiel-, Kampf- und beim Imponierverhalten natürlicherweise** vorkommt.

Diese Auffassung deckt sich mit der Beschreibung des griechischen Autors der Antike, Xenophon, der die richtige, **für das Reiten zweckmäßige**

**Haltung** des Pferdes wie folgt beschreibt (»Xenophon – Reitkunst« S. 20/21):
Die Übungen sind Formen **der imponierenden Selbstdarstellung des Pferdes**, die es in besonderen Erregungszuständen vor seinen Artgenossen von sich aus zeigt. Sie sind keine durch unnatürliche Zwangsmittel gelernten Kunststücke. (Davon distanzierte sich Xenophon mehrfach.) **Sie für den Reiter abrufbar zu machen ist Ergebnis und Krönung einer langen, konsequenten und verständnisvollen Bildung des Pferdes.**

Xenophon beschreibt weiter (S. 81): »*Wenn man aber dem Pferd lehrt, am langen Zügel zu gehen,* ***den Hals hoch zu tragen und vom Kopf an zu wölben****, so bewirbt man, dass das Pferd das tut, woran es auch selbst seine Freude hat und womit es sich brüstet (...). Wenn man nun das Pferd* ***in eine Haltung bringt, in die es sich selbst zur Selbstdarstellung wirft****, wenn es sich am meisten in seiner Schönheit zeigen will, so wird man auf diese Weise sein Pferd als eines vorführen, das am Reiten* ***Freude hat, prächtig und gewaltig aussieht und die Blicke auf sich zieht*** *...«*

> »Dein Pferd soll Freude bei seiner Arbeit empfinden und in seinen Bewegungen und seiner Haltung Begeisterung zum Ausdruck bringen.«
> Xenophon

Abb. 7: Marialva, 22-jährig, in einer Levade unter dem Sattel.

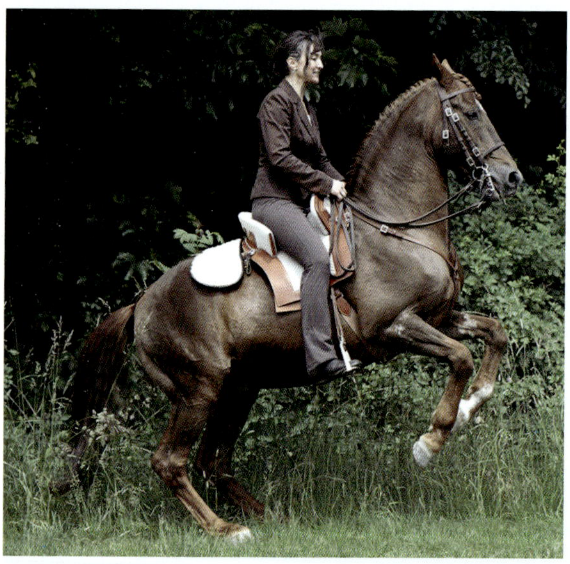

Kehren wir zurück zu Racinet, der aufzeigt, dass diese Haltung **bei der Flucht aus dem Anheben des Halses und des Widerrists** besteht, was den Kopf mit den Sinnesorganen zur verbesserten Wahrnehmung hochbringt. Beim Reiten wäre das die **»Selbsthaltung«**.
Durch sie verlagert sich der Widerrist nach hinten, was sich bis zu den Sitzbeinhöckern auswirkt. Diese werden etwas nach vorne gebracht, was das Beugen der Sprunggelenke begünstigt. Dieser Vorgang beinhaltet ein **»eingerolltes Becken«**, durch das sich **Knie- und Sprunggelenk** und auch das **Fesselgelenk besser beugen können. Die Hinterhand kann auf diese Weise ihre Federfunktion entwickeln** (s. Abb. 9 S. 15 ).
Beobachtungen bei wild lebenden Pferden haben

ergeben, dass in der Fluchtsituation – egal in welcher Geschwindigkeit – **das eingerollte Becken beibehalten wird** und die damit verbundene Aufrichtung und hohe Kopfhaltung auch.
In dieser Funktion kann das Pferd die **Vorwärtsbewegungstendenz** sowie die **Rückwärtsbewegungstendenz** (zum Anhalten beispielsweise) gut variieren und sie befähigt es in jedem Moment zu einer Änderung der Geschwindigkeit und somit auch der Richtung.
Racinet schreibt auf Seite 29/30:
*»Versammlung ist also eine Haltung, in der die Vorwärtsbewegung nicht beeinträchtigt wird und die dem Pferd gleichzeitig erlaubt,* ***die Vorwärtsbewegung augenblicklich zu kontrollieren*** *oder zu unterbrechen.* ***Um diese Haltung einzunehmen, muss das Pferd gewisse Muskeln andauernd anspannen, die es sonst nur von Zeit zu Zeit und nur momentan anspannen würde, nämlich nur dann, wenn Verlangsamung notwendig ist, wenn die Bewegung zurückgenommen wird.«*** (Siehe Abb. 10 Seite 16.)

**Dies zeigt, warum eine systematische Ausbildung für das Reitpferd nötig ist, auch wenn es sich um eine ganz natürliche Haltung handelt.**

Besonders das Anheben des Widerrists gegenüber den Schulterblättern ist extrem wichtig für die Tragfähigkeit. Die Schulterblätter sind nur muskulär und bindegewebig/faszial mit der Wirbelsäule verbunden. Pferde besitzen kein Schlüsselbein und demnach keine knöcherne Verbindung zwischen Vorderbein und Wirbelsäule. Das Anheben des Widerrists muss unbedingt trainiert werden, wird aber anfangs beim Reiten durch das Reitergewicht erschwert: Messungen haben ergeben, dass ein Reiter von 60 kg den Widerrist durch-

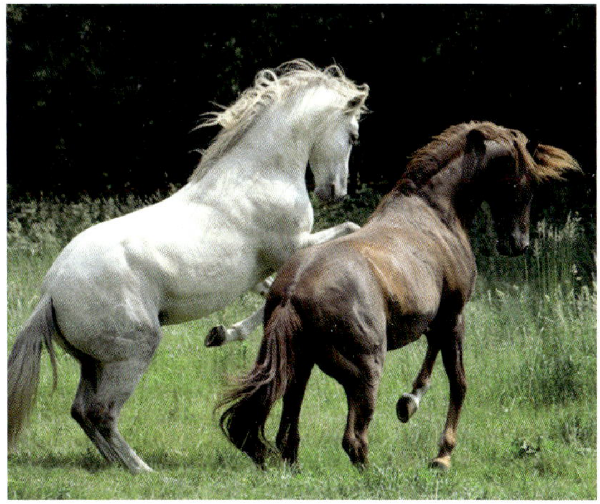

Abb. 8: Finito, 8-jährig, und Marialva, 25-jährig, in einer Levade beim Spiel: Hankenbeugung, keine hochgedrückte Lende, angehobene Brustwirbelsäule, schräge Schulterblätter, Aufrichtung mit Hals über den Schultern, Beizäumung.

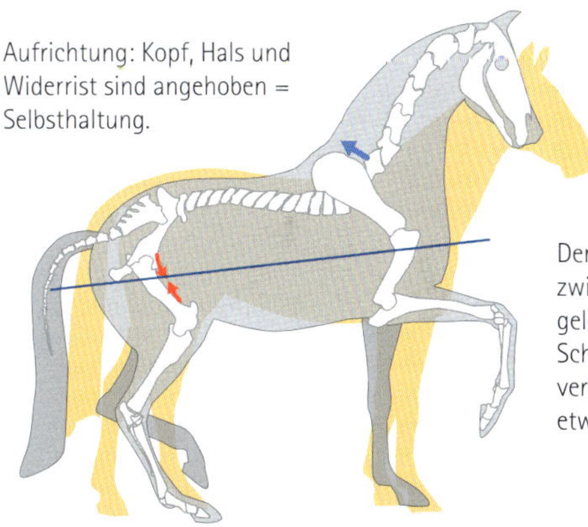


Abb. 9: In der Versammlung wird die Wirbelsäule horizontal oder leicht nach vorn ansteigend. Normalerweise ist sie nach vorn abfallend.

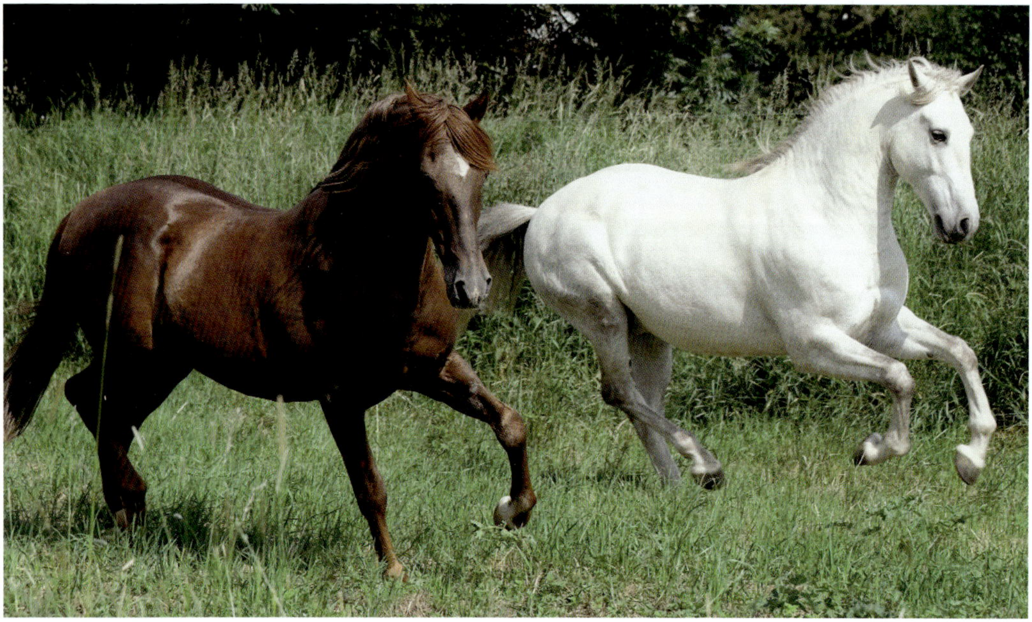

Abb. 10: Lusitanos im Spiel- und Imponierverhalten zeigen uneingeschränkte Bewegung, die in Richtung und Tempo jederzeit kontrollier- und veränderbar ist.

schnittlich um 1,5 cm senkt (siehe Abb. 11). **Zur Versammlung gehört das Anheben der Brustwirbelsäule**, was nach Racinet dazu führt, dass die Achse der Wirbelsäule, die normalerweise nach vorne abfällt, durch die Versammlung mindestens horizontal oder sogar nach vorne ansteigend einzustellen ist (siehe Abb. 9, Seite 15).

Hier unterscheiden sich die Formulierungen bereits. Bei den Betrachtungen zum Untertreten der Hinterbeine klaffen sie noch weiter auseinander: Racinet zeigt deutlich auf, **dass allein das weite Untertreten der Hinterbeine noch längst nichts mit Versammlung zu tun hat. Im Gegenteil: Das Pferd versteift das Hinterbein und die Beinbewegung findet nur aus dem Beugen des Hüftgelenks statt. Dies ist das energiesparende »Über-den-Boden-Ziehen« des Pferdes zur Fortbewegung. Die Kruppe bleibt dabei flach.**

Hier zeigt sich, dass das Vorwärtsreiten in zügigem Tempo, um die Hinterbeine weit unter den Körper treten zu lassen, unter Umständen das Gegenteil von dem trainiert, was wir für die Versammlung benötigen – nämlich das Schieben.

Man muss offensichtlich genau überlegen, was mit dem Untertreten tatsächlich gemeint ist. Nach Racinet verkürzt sich der Rumpf durch das Einrollen des Beckens, was aber nicht möglich ist, wenn das Pferd einfach »nur« weit unter den Schwerpunkt mit großen Schritten tritt. Genau dabei flacht es eher in der Kruppe ab. Nimmt man die typischen versammelten Lektionen wie Schultrab (ein kadenzierter erhabener Trab bei niedriger Frequenz), Passage oder Piaffe unter die Lupe, so greifen die Hinterbeine immer weniger weit nach vorne, je versammelter die Übung ist (s. Abb.12). Der Bewegungsablauf wird dabei erhabener, die Bewegungslänge der Beine jedoch kürzer. **Statt Untertreten müsste es Hankenbeugung heißen und nicht weites Vorgreifen der Hinterbeine. Hier liegt meiner Meinung nach eines der großen Missverständnisse vor oder eine große Ungenauigkeit, die sich aus den alten Formulierungen ungünstig auf die moderne reiterliche Praxis ausgewirkt hat!**

## Das Gleichgewicht

Ein weiterer wichtiger Aspekt bei der Versammlung ist das **Gleichgewicht**. Racinet (S. 64) beschreibt wie nah der Begriff mit Versammlung in Verbindung steht:

Abb. 11: Die wichtigsten Muskeln zum Anheben der Brustwirbelsäule: Musculus serratus ventralis sowie drunter Musculus pectoralis profundus (beide auch Rumpfträger genannt). Links kontrahiert in versammelter Haltung, rechts entspannt, der Rumpf sackt ab.

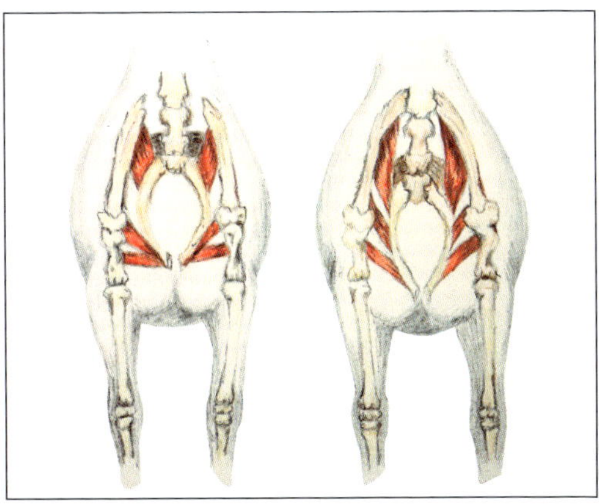

*»In Kapitel 3 haben wir gesehen, dass Gleichgewicht und Versammlung gleichbedeutend sind, vorausgesetzt, Versammlung wird* ***nicht als eine »Verkürzung« der Aktion verstanden, sondern als eine »Verdichtung«, ein Konzentrieren des Rahmens des Pferdes****, als eine »Anspannung«, die die Gänge verbessert, unabhängig davon, wie gesetzt oder verstärkt sie sind. Ein wichtiges Element dieser Haltung ist das* ***Anheben des Brustkorbs zwischen den Schulterblättern****. Dies wird durch die Aktivierung der Muskeln, die die Schulterblätter mit dem Brustkorb verbinden, gefördert und durch das* ***»Einrollen« und Abkippen des Beckens unterstützt*** *(...).«*

Abb. 12: Marialva mit 25 Jahren in ausdrucksvoller Versammlung im Trab.

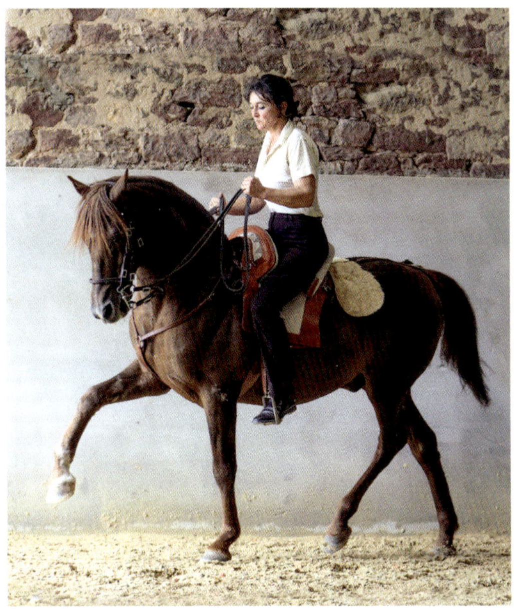

Damit geht Racinet darauf ein, dass sich das Pferd auch in den Verstärkungen versammeln muss, wenn sie korrekt sein sollen. Dann bezieht sich Versammlung nicht auf die Lektion, sondern auf die Organisation des Rumpfes. Man kann aber auch die versammelten Gänge unterscheiden und dann sind die Bewegungen verkürzt und erhabener.

Von Gleichgewicht in der Bewegung zu sprechen ist physikalisch betrachtet ein schwieriges Unterfangen. Trotzdem verwende ich den Begriff so, wie es im Fachjargon üblich ist. Balance ist als Synonym für Gleichgewicht anzusehen.

Auch Baucher (S. 41) wusste bereits über diese Schwierigkeiten und berichtet wie folgt.
Schon damals war die Frage nach dem Gleichgewicht des Pferdes schwierig zu beantworten. Auch seine Studien der alten Meister ergaben keine Übereinstimmung in den Formulierungen. So kam er zu folgendem Schluss:
*»Man untersucht, wie sich der Schwerpunkt verhält. Warum? Ich weiß darauf keine Antwort. Liegt in der einfachen reiterlichen Praxis unsere Aufgabe nicht darin, **die Verteilung des Körpergewichts des Pferdes ordentlich einzurichten und seine Körperkräfte zu koordinieren**? Geht es nicht darum, **die einander entgegen wirkenden Hilfengebungen des Reiters, seiner Hand und seiner Schenkel, aufeinander abzustimmen**? Wenn wir auf diese verschiedenen Faktoren achten, wenn wir uns ihrer unterschiedlichen Wirksamkeit bewusst sind und wenn wir imstande sind, das alles geschickt und erfolgreich in die Praxis umzusetzen, dann **werden wir das Gleichgewicht finden. Das Wissen um den Schwerpunkt tut nichts zur Sache.**«*

Baucher empfiehlt demnach, mit dem Gleichgewichtsthema durch klare Hilfengebung umzugehen, was ihn zur **Trennung der Hand- und Beinhilfen** bringt. Hier besteht ein klarer Widerspruch zur aktuellen Reitweise. Ich werde im Praxisteil auf dieses Thema eingehen.

Im Buch von Steinbrecht schreibt der Verfasser von Heydebreck auf Seite 53 in einer Fußnote zum Thema Gleichgewicht:
*»Ebenso wird nicht erkannt, dass nicht nur die stützenden Gliedmaßen, die Standbeine, im Gange das **Gleichgewicht** aufrecht erhalten, sondern dass auch die vorschwingenden Gliedmaßen, die Spielbeine, zur Erhaltung der **Balance** und des Schwunges beitragen. Der Schwung geht **von den federnden Gelenken der nach vorwärts-aufwärts abstoßenden Hinterbeine** aus. Je mehr diese dabei den Körper nach aufwärts abfedern, umso mehr Last nehmen sie vorher auf und entlasten dadurch die Vorderbeine.«*

## Die Funktion der Vorhand

Steinbrecht beschreibt weiter auf Seite 54 die Gewichtsverteilung und die Funktion der Vorderbeine:
*»Die Vorderbeine sind von Natur in erster Linie zum Stützen für den Körper bestimmt, denn sie können sich zwar vermöge ihrer Bauart*

*gleichmäßig mit den Hinterbeinen vorwärts bewegen, um das durch diese vorwärtsgetriebene Körpergewicht rechtzeitig zu stützen, besitzen aber keine Schub- und Federkraft, es selbstständig fortzubewegen.«* Das ist, wie wir später sehen werden, nicht haltbar! Die aufwärtswirkenden Kräfte der Vorhand müssen gezielt trainiert werden.

Hingegen weist Steinbrecht auf **die wichtige stoßdämpfende Wirkung der Vorhand hin, die durch ihre Schulung verbessert werden muss**: *»Ihre Knochen ruhen daher meist senkrecht aufeinander, und die wenigen Abweichungen von dieser Richtung haben nur den Zweck, starke Prellungen zu verhindern und unschädlich zu machen.«*

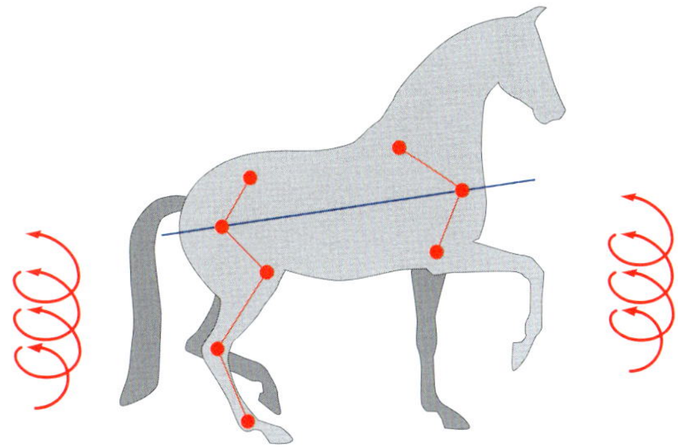

Abb. 13: Die wichtigen Stoßdämpfer vorne und hinten im Pferd.

Hier kommt ein wichtiges Thema ins Spiel, was mit der Vorhand in der Versammlung geschehen sollte: Wir haben gesagt, dass sich der Widerrist zwischen den Schulterblättern anheben muss. Die Schulterblätter kommen bei diesem Vorgang in eine immer **schrägere Position** und die **höhere Halsbasis immer mehr über/hinter das Schultergelenk** (s. Abb. 14, Seite 20). Dabei **schließt sich der Schultergelenkswinkel und die Vorhand verstärkt ihre wichtige stoßdämpfende Funktion**. Aus dieser Organisation der Vorhand lässt sich hervorragend eine **vertikale Federkraft entwickeln**. Moderne Forschungen (mehr dazu unter www.scienceofmotion.com von Jean Luc Cornille) haben dies gezeigt. Ich werde auf Seite 21/22 darauf eingehen. Wir haben demnach in der Versammlung mit Vor- und Hinterhand zwei stoßdämpfende Systeme im Pferd, die ihrerseits vertikale Federkraft besitzen. Daraus ergibt sich eine körperschonende Situation, die für den Gebrauch als Tragtier unerlässlich ist (s. Abb. 13). Die vertikale Kraft des Vorderbeins ist eine wichtige Größe, die unbedingt beachtet und gefördert werden muss (s. Abb. 14, Seite 20).

Um die vertikale Kraft des Vorderbeins erreichen zu können, wird Folgendes benötigt:

- **eine stabile und kräftige Verbindung zwischen Halsbasis und Schultergürtel.**
- ein zwischen den Schulterblättern angehobener Übergang Hals-/Brustwirbelsäule. **Dieser Übergang darf im Bogen (Lordose) nicht gestaucht sein.**
- **spitzerer Winkel des Buggelenks, bedingt durch die Aufrichtung und die dadurch entstandene Schrägstellung des Schulterblatts sowie die Platzierung der Beine.**
- die im Ruhezustand **vertikale Stellung des Unterarms.**
- **vertikale Arbeit des gesamten Vorderbeins**.

Das bedeutet, dass das Bein im Durchschnitt der

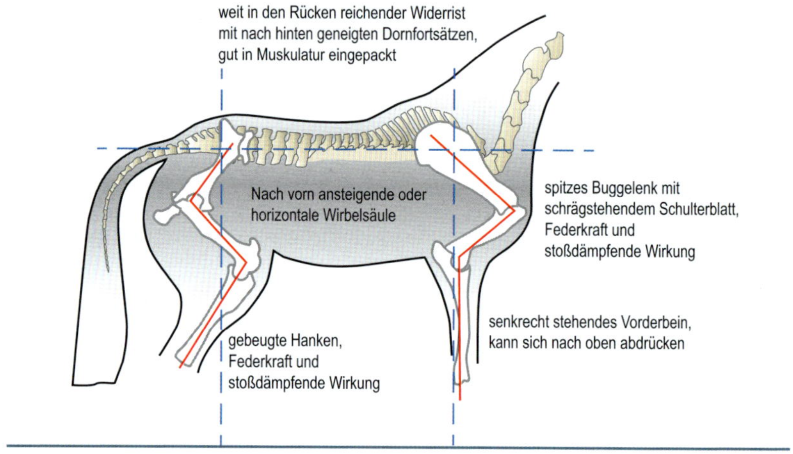


Abb. 14:
oben:
Wirbelsäule und Gliedmaßen eines korrekt ausgebildeten tragfähigen Pferdes.

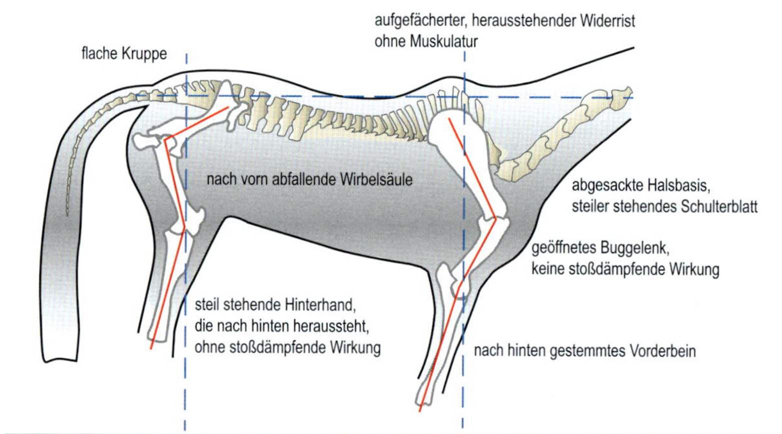


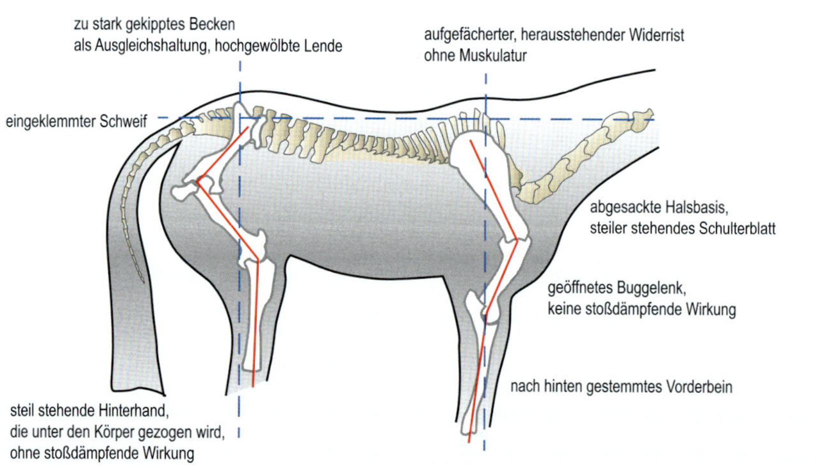


Abb. 15:
Mitte und unten:
2 Beispiele einer Trageerschöpfung durch fehlendes oder falsches Training.
Manche Pferde weisen nach vorn gestemmte Vorderbeine auf.

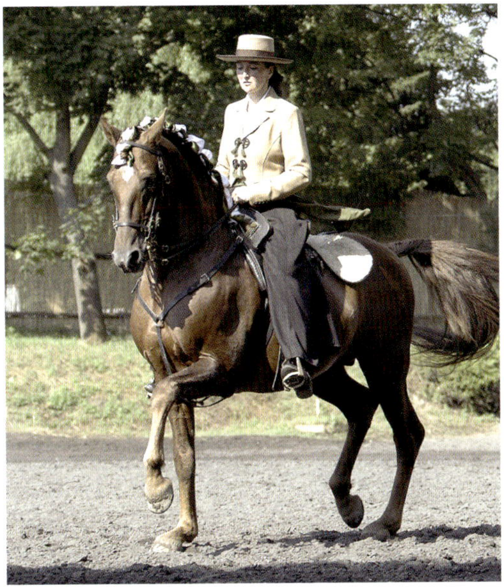

Abb. 16: Marialva, 13-jährig, in einer ausdrucksvollen Passage. Aus dem möglichst lange am Boden gehaltenen Diagonal kann er sich besonders gut nach oben abdrücken.

Bewegung nicht zu weit nach hinten unter den Körper geschoben arbeiten soll. Es darf aber auch nicht nach vorne stemmen.
Insgesamt sollen die Bewegungen so gefördert werden, **dass die Gelenkflächen in allen Bereichen aus dem möglichst optimalen Winkel belastet werden**, damit es nicht zu einseitigen Schäden kommt.
Außerdem spielen die **Sehnen, Bänder und Faszien** (das fasziale System) eine sehr wichtige Rolle **bei der Federkraft der Vorhand. Sie können durch die Bewegung mit Energie aufgeladen werden, Energie speichern und diese wieder abgeben.**
Um die Federkraft besser zu verstehen, wenden wir uns der Faszienforschung zu. Wissenschaftliche Erkenntnisse zeigen, dass sich **muskulär gebildete Energie (kinetische Energie) in den Faszien speichern und wieder entladen lässt.**
Faszien sind Teile des Bindegewebes, die den ganzen Körper als ein verbindendes Spannungsnetzwerk umhüllen und durchdringen. Auch die Schwerkraft kann das Bindegewebe mit Energie aufladen, wenn der Körper das Bein runterdrückt. Beim Abfußen wird diese Energie wieder entladen, indem sie hilft, den Körper nach oben zu drücken.
Deshalb spielt die **Verweildauer der Beine auf dem Boden** eine wichtige Rolle, **um die Federkraft zu verstärken**. Es gilt die Verweildauer zu verlängern, damit die Sehnen und Bänder mit möglichst viel kinetischer Energie aufgeladen werden können (siehe Seite 32 Tensegrität und Versammlung – der Körper als Zugkräfte-Netzwerk).

**Die Entwicklung der Versammlung besteht demnach aus der verbesserten Organisation des Pferdekörpers, in der die Energiespeicherung leichter entwickelt und trainiert werden kann und muss** (s. Abb. 18, S. 22 Federkraft).
Lassen wir das Pferd den Hals senken und erhöhen dabei die Geschwindigkeit, wird es sein Gewicht über die Vorderbeine schieben, was die Vorhand zurückgestemmt arbeiten lässt. Die richtige Richtung der Federkraft wird dadurch erheblich behindert und das Pferd bekommt einen übermäßigen Zug auf die tiefe Beugesehne, was langfristig zur Hufrollenentzündung führen kann.

Leider können wir genau das überall im Reitsport beobachten. Am deutlichsten sichtbar wird das in

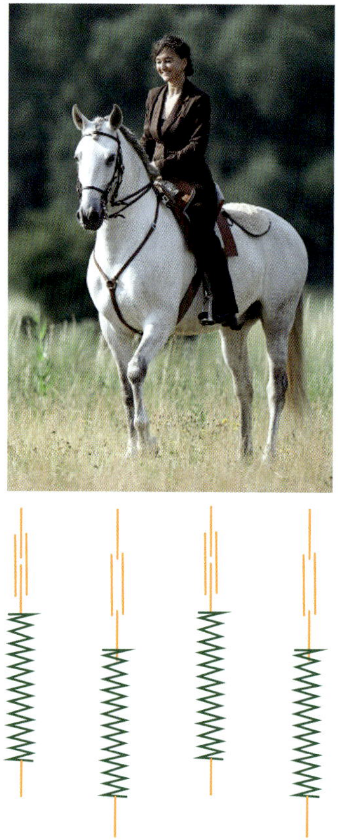


Abb. 17: Im Schritt verkürzt und verlängert sich die Muskulatur, während die Sehnen relativ gleich bleiben.

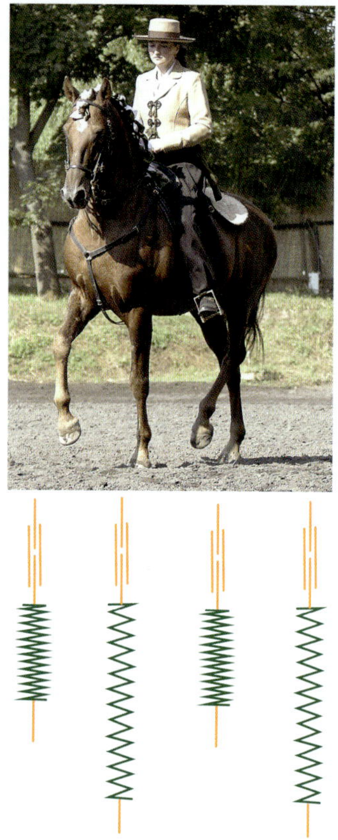

Abb. 18: In der Passage bleiben die Muskeln in einer Dauerspannung und die Sehnen verlängern sich etwas beim Aufladen mit kinetischer Energie und verkürzen sich wieder im Moment des Abfußens = Federkraft.

den Piaffen, in denen der Köper weit über die Vorderbeine geschoben wird. Damit das Pferd nicht nach vorne umfällt, kommt die Hinterhand ebenfalls viel zu weit nach vorne unter den Körper. Erkennbar ist dann eine v-förmige Silhouette. Vor- und Hinterhand können nicht mehr federn, werden durch ihre Schrägstellung in der natürlichen Funktion blockiert, zerdrückt und die Wirkung der Scherkräfte auf den Rumpf ist katastrophal für den Körper. Diese Piaffen dürften gar nicht als Piaffen bezeichnet werden – sie sind grob fehlerhaft und zeigen an, dass die Verhältnisse im Körper massiv gestört sind. Damit ist das Gegenteil einer sinnvollen Körperausbildung erreicht. Der Körper wird verformt und geschädigt (s. Abb. 1 und 2, Seite 5, V-förmige Piaffe gegenüber einer korrekten Piaffe). Die Piaffe galt einst als Königslektion der Dressur, als Gradmesser dafür, wie gut die Ausbildung gelungen ist! Was man heute zu sehen bekommt ist ein Armutszeugnis für die moderne Dressur und ihre Olympiasieger. Das Schlimmste ist, dass eine Zeit lang von den Verantwortlichen der FEI überlegt wurde, die Piaffe aus den Dressurprüfungen zu streichen, weil sie keiner reiten konnte. Anstatt die Ausbildungswege zu hinterfragen, spielte man mit dem Gedanken, den wichtigsten Gradmesser einfach abzuschaffen. Das ist für mich die totale Disqualifizierung der modernen Reiterei!

## Erkenntnisse aus der Biomechanik

**Die Reitlehren der Vergangenheit beruhen auf Beobachtungen und Erfahrungen im Umgang mit dem Pferd und beim Reiten.** Die Erkenntnisse, die dabei gesammelt wurden, tendieren dazu, **subjektiv zu sein**, weshalb es zu vielen sich unterscheidenden Aussagen kam. Heutzutage können wir uns die **Wissenschaft zunutze machen**, da es bereits einige Bereiche gibt, die erforscht werden (siehe www.scienceofmotion.com). Natürlich ist die Wissenschaft nicht gänzlich frei von Subjektivität, aber die **Objektivierbarkeit ist ein Kriterium von wissenschaftlichem Arbeiten**. Wissenschaftliche Standards können die Qualität sichern.

Wenden wir uns an dieser Stelle der **Biomechanik** zu, die momentan in aller Munde ist. Aber was ist darunter zu verstehen? Bei Wikipedia (abgerufen am 11. Okt. 2018) liest man:

*»Die* ***Biomechanik*** *(von griechisch* βίος *»Leben«[1] und* μηχανική τέχνη *»Mechanik«) ist eine* ***interdisziplinäre Wissenschaft, die den Bewegungsapparat biologischer Systeme und die mit ihm erzeugten Bewegungen*** *unter Verwendung der Begriffe, Methoden und Gesetzmäßigkeiten von Mechanik, Anatomie und Physiologie beschreibt, untersucht und beurteilt.«*

**Biomechanik ist die Mechanik von Lebewesen in ihrer Bewegungsweise.**

Es ist sinnvoll, sich dieser Disziplin zuzuwenden, um die Reiterei besser beurteilen zu können. So kann verhindert werden, dass nicht starre, schlecht überlieferte Systeme, die Beliebigkeit, der Geschmack oder gar der Erfolg im Sport das letzte Wort haben.

Biomechanische Betrachtungen können helfen, die Kräfte im Körper und die Bewegungsweise, die gesund ist, zu analysieren. Daraus können sinnvolle Schlüsse für die Ausbildung der Pferde gezogen werden.

Ich habe mir einiges angesehen, wo bereits andere Autoren versuchten, biomechanische Erkenntnisse auf die Reitausbildung anzuwenden. Leider musste ich feststellen, dass hier oft **falsche Schlüsse aus den Erkenntnissen** gezogen wurden. Vielleicht wurde damit die »Rollkur« abgelehnt. Aber die angeblich »heilbringende« Vorwärts-Abwärts-Reiterei wurde von einigen Autoren in mir unerklärlicher Form, mit gewagten Behauptungen und wenig logischen »Sprüngen« angepriesen. Und wenn diese Autoren einen Doktor in Medizin haben, werden sie ernst genommen. Auch dann, wenn sich ihre Theorien nirgendwo bewahrheiten. Die mit diesen Empfehlungen trainierten Pferde weisen meist mehr oder weniger die üblichen Beeinträchtigungen auf und

brauchen ständig den Osteopathen. Warum nur, wenn diese Art zu reiten so »heilbringend« ist? Aber das ist ja »normal« – nicht weil es so sein müsste, sondern weil fast alle Pferde in dieser Situation sind. Das ist das Schlimme.
Wenn beispielsweise die Vorwärts-Abwärts-Reiterei sinnvoll ist, warum sieht man dabei so unglaublich selten Ergebnisse, die zur echten Versammlung führen?
Die Vorwärts-Abwärts-Reiterei, auch **Dehnungshaltung** genannt, wird demnach erstaunlicherweise ebenfalls mit biomechanischen Erkenntnissen angepriesen, auch **ohne nachweisbare Ergebnisse**. Ich werde auf Seite 34 darauf genauer eingehen.
Ich meine nicht die talentierten Pferde einiger geschickter Reiter. Das sind Ausnahmen. Ich meine die breite Masse der mittelmäßig veranlagten Freizeit- und Turnierpferde. Es gibt Wege, die auch diese Pferde ins Gleichgewicht bringen können! Für mich **ist die Dressur FÜR das Pferd da** und nicht das Pferd für die Dressur! Für mich sind es die Pferde, die am Ende entscheiden, welches die guten Ansätze sind! **Die Reiterei muss sich an den Pferden bewahrheiten, die in ihrer dressurlichen Ausbildung immer schöner, zufriedener und gesünder werden müssen!** Daran orientiere ich mich. Dies ist für mich die Belohnung und das Ergebnis einer Entwicklung, in der ich mich immer wieder auch neu orientiert habe, wenn sich ein Ansatz als wenig zweckmäßig erwiesen hat. Zweckmäßig, weil das Pferd von dem neuen Ansatz profitierte.
Ich habe mich von der Vorwärts-Abwärts-Reiterei (Dehnungshaltung) weitgehend verabschiedet. Die Dehnungshaltung ist für mich zu einer Pausenhaltung geworden. Darüber habe ich im Buch »Klassische Arbeit an der Hand« ausführlich berichtet. In diesem Buch wird die Arbeit an der Hand als eine Möglichkeit beschrieben, Versammlung zu erarbeiten.
Ich erörtere im Folgenden verschiedene Perspektiven der **biomechanischen Forschung**.
Das nächste Kapitel ist komplex und die Inhalte unter Umständen nicht leicht zu verstehen. Versuchen Sie, die Inhalte auf sich wirken zu lassen. Bei Interesse können Sie sich tiefer in die Materie einlesen. Im Literaturverzeichnis werden weiterführende Quellen angegeben.

## Die Funktion der Wirbelsäule

Für Bewegungsforscher hat die Wirbelsäule von Lauftieren natürlicherweise eine stabilisierende Funktion. Die Anordnung der Muskulatur nah der Wirbelsäule sorgt für ihre Stabilität: kleine Muskeln überspannen drei bis fünf Wirbelkörper (s. Abb.19).
Zudem **setzt die Rückenmuskulatur, horizontale Kräfte in vertikale um**.
**Die Notwendigkeit der Stabilisierung wird größer, umso höher die Geschwindigkeit ist, mit der sich das Pferd bewegt**. Das bedeutet, dass eine Erhöhung der Gangart oder auch der Geschwindigkeit innerhalb einer Gangart nicht automatisch zu einer größeren Bewegung oder gar Schwingung des Rückens führen sollte, sondern auch eine Einschränkung der Bewegung des Rückens erreicht werden muss. Anderenfalls könnte sich der Körper bei der Bewegung der Gliedmaßen insgesamt nicht genügend stabilisie-

ren und koordinieren. Das Pferd würde die Stabilität verlieren und aus der Balance kommen. Eine komplett bewegliche, schwingende Wirbelsäule würde keine Grundlage bilden, von der aus sich die Gliedmaßen effektiv bewegen könnten. Eine sichere Fortbewegung bei konstanter Haltung wäre nicht möglich. Leider ist diese Fehlfunktion, wie z.B. eine weiche Lende und die daraus resultierende Instabilität, weit verbreitet und ein Grund, warum die Pferde so viele Ausweichbewegungen machen. Sie möchten ihre Balance retten.

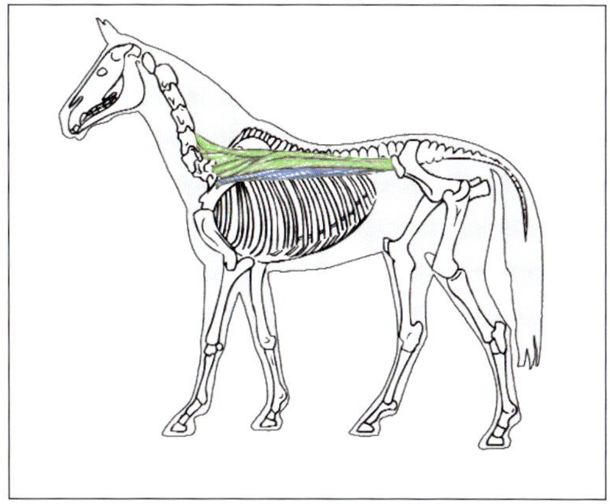

Abb. 19: Musculi Multifidi – die tiefe Muskulatur im Pferderücken.

Natürlich bedeutet das nicht, dass der Pferderücken steif sein soll – im Gegenteil – er soll **die wichtigen dreidimensionalen Bewegungen ausführen können und innerhalb dieser Bewegungsmöglichkeiten die für die Versammlung und damit die Tragfähigkeit wichtigen Anteile korrekt ausbilden und trainieren. Versammlung hat zur Folge, dass sich die rotierenden Bewegungen verringern, weshalb man auf einem ausgebildeten Pferd bequem mittig sitzt.**

Die Wirbelsäule führt **horizontale, vertikale und rotierende Bewegungen aus**. Nur im Schritt sind alle drei Bewegungen der Wirbelsäule ausgeprägt enthalten. Aus diesem Grund eignet sich der Schritt besonders gut, um die nötigen Kräfte zu schulen und zu kanalisieren (s. Abb. 20. S. 26). Besonders zum aktuellen Thema Rotation wurde ein Konzept entwickelt. Die Rotation ist erst ein Thema, seit die Osteopathie explizit in der Reiterei genutzt wird. Dieses Konzept des in Amerika lebenden Franzosen **Jean Luc Cornille** hat **in der Verarbeitung wissenschaftlicher Erkenntnisse Pioniercharakter**. Er hat mit seiner Gründung von **Science of Motion** viele biomechanische Forschungsergebnisse in die Ausbildungs- und Reitpraxis integriert und setzt sich für eine pferdegerechte Reiterei ein. Auch in seinem Ansatz stehen **Versammlung und Körperausbildung** im Vordergrund. Soweit ich seine Arbeit beobachten konnte, ist sein Konzept wirklich fähig, Pferde zu rehabilitieren und gesunderhaltend auszubilden. Dabei entsteht reelle Versammlung und ich behaupte, dass hier Biomechanik richtig erkannt und sinnvoll interpretiert wird. Die Pferde zeigen, ob etwas funktioniert.

Cornilles Auffassung von Versammlung deckt sich in einigem mit der Racinets, bei der entscheidend für die Versammlung **das Anheben des Übergangs zwischen der Halswirbelsäule und der Brustwirbelsäule** ist. Daraus ergibt sich eine »longitudinale Flexion« der **Brustwirbelsäule**. Das heißt, sie **wird angehoben und leicht nach oben gewölbt**.

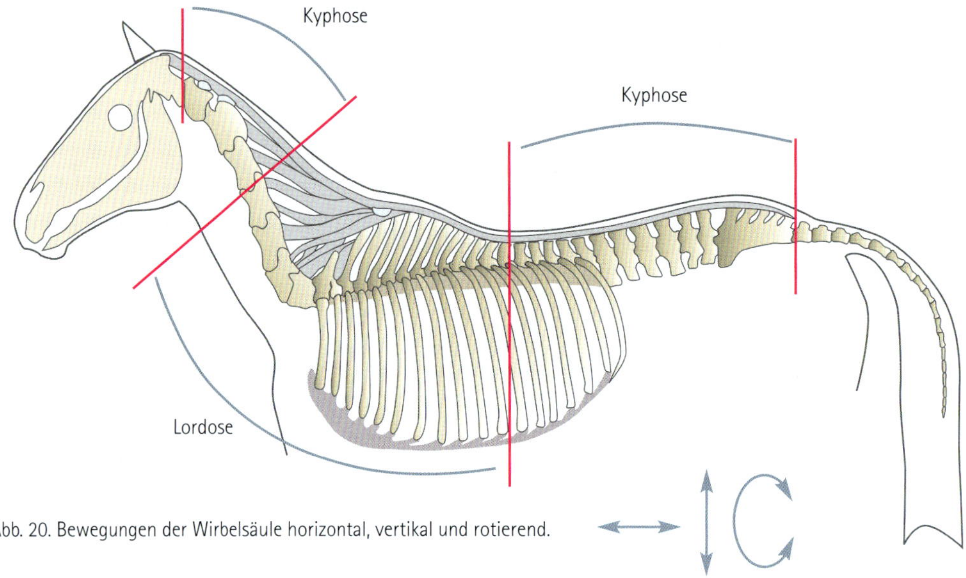


Abb. 20. Bewegungen der Wirbelsäule horizontal, vertikal und rotierend.

Cornille geht davon aus, dass die **richtige Arbeit des Rückens fundamental ist für den ganzen Bewegungsablauf und die Gesamtorganisation des Körpers**. Dazu gehört beispielsweise die »**Platzierung der Beine**« (Abb. 21–23), die wirklich vertikal und in sich gerade arbeiten sollten. Sind sie in sich gerade, ist der Druck auf den Gelenkflächen gleichmäßig und großflächig verteilt.

Hat man die Probleme in den Bewegungen der Wirbelsäule durch die Ausbildung lösen können, arbeitet auch das Becken dreidimensional so ausgerichtet, dass die Hinterbeine gerade in Richtung der Vorderbeine fußen. **Es werden Übungen verwendet, die zunächst nur aufgrund einer bestimmten Auswirkung auf den Körper ausgesucht werden und nur unter Berücksichtigung der Entscheidungen des Pferdes angewendet werden können. Das Pferd entscheidet sich für eine neue Art der Bewegung. Man sollte es nicht dazu zwingen. Zeigt das Pferd Widerstände, muss erneut überprüft und gesucht werden. Lektionen haben dann keinerlei Selbstzweck, bis sich das Pferd funktional sinnvoll bewegen kann.**

Cornille erarbeitet eine Art »**Versammlungsspirale**«, in der sich die **Parameter wie Aufrichtung, angehobener Hals/Brustübergang, angehobene Brustwirbelsäule mit korrekten Rotationen, vertikale Federkraft der Vorhand sowie die perfekte Verbindung von vertikaler und horizontaler Kraft der Hinterhand vergrößern**. Dabei wandeln die **Rückenmuskeln nahe der Wirbelsäule** die Kräfte der Hinterhand in vertikale Kräfte um.
Je enger die Spirale wird, desto mehr wächst die Versammlung, das Maximum ist die Levade.

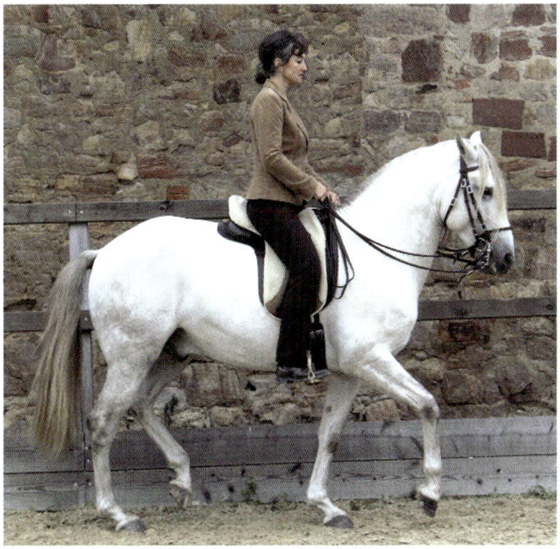

Abb. 21: Finito, 7-jährig: Rumpf über die Vorhand geschoben mit zurückgestemmtem Vorderbein, tiefer Halsbasis, steilem Schulterblatt, zu stark gekipptem Becken, hochgedrückter Lende und vorgeschobener Hinterhand.

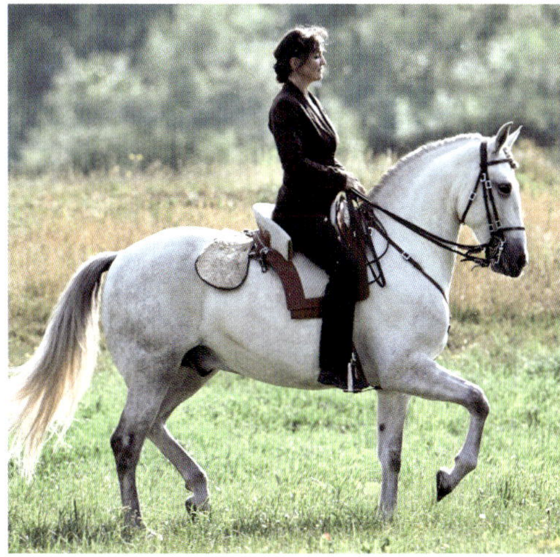

Abb. 22: Finito, 8-jährig, mit deutlichem Fortschritt: Rumpf ansteigend, Vorderbein fast vertikal, gute Aufrichtung, schräges Schulterblatt, korrekt gekipptes Becken mit entspannter Lende, verbesserte Hankenbeugung.

Hier ist die **»Schaltstelle« zwischen Hals- und Brustwirbelsäule, denn da ist die muskuläre und fasziale Aufhängung zwischen den Schulterblättern und Wirbelsäule.**

Der angehobene Hals/Brustübergang führt zu einer Öffnung des Abwärtsbogens (der Lordose). **Dadurch erscheint der Hals des Pferdes in gelungener Versammlung trotz hoher Aufrichtung länger.**

Man könnte es ein **»Schultervor-Konzept«** nennen, bei dem sich das **Anheben der Brustwirbelsäule mit der korrekten Rotation der Wirbelsäule in der Längsbiegung verbindet und eine große Stabilität der Brustwirbelsäule bei ausgeprägter Federkraft entsteht** (s. Abb. 24, Seite 28).

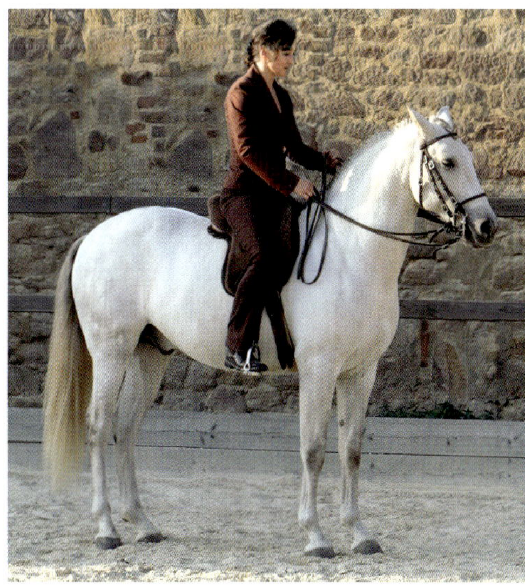

Abb. 22: Finito platziert seine Beine korrekt und vertikal beim spontanen Halten während der Arbeit.

Jede Längsbiegung des Pferdes ist mit einer einseitigen Rotation der Wirbelsäule verknüpft. Und bei jedem Schritt rotieren die Dornfortsätze – ähnlich wie die Bewegung eines Scheibenwischers – hin und her. Das bedeutet, dass es sich bei der einseitigen Rotation immer nur um einen

Durchschnitt handelt, nie um eine statische Position.

Korrekte oder **transversale Rotation** in der Längsbiegung bedeutet, dass sich die Dornfortsätze der Wirbel also durchschnittlich **in die Richtung der Biegung neigen**. (s. Abb. 27, Wirbelsäule mit Rotationen) Im Gegensatz dazu gibt es eine **gegenläufige** (im Englischen **»invert«**) **Rotation**, bei der der Umkehrpunkt am Übergang Hals/Brustwirbelsäule liegt. Dann zeigen die Wirbel oben (immer im Durchschnitt zu sehen, da sie sich hin und her bewegen) im Hals nach innen und im Brustbereich nach außen. Die Längsbiegung, die in die Versammlung führt, ist dann nicht erreicht (s. Abb. 27, Seite 29).

Im Sport beispielsweise werden zu den umgekehrten Rotationen noch übermäßig weites Ausgreifen und Kreuzen (beispielsweise in den Traversalen) bei zu starker Halsbiegung und Beugung verlangt. Diese Bewegungsweise führt oft zu massiven Scherkräften im Körper und wird damit leicht pathologisch. Die Übertreibung an einer Stelle wird sich auf andere Stellen kompensierend auswirken und behindert meist die nor-

Abb. 24: Annette Müller auf ihrem 8-jährigen Oldenburger im Schultervor: Das innere Hinterbein fußt zwischen die Vorderbeine und bewegt sich näher am äußeren Hinterbein. Dies führt zu einer Beckenrotation, die die Längsbiegung und damit das Anheben der Brustwirbelsäule fördert. Halsbasis mittig, Genickstellung.

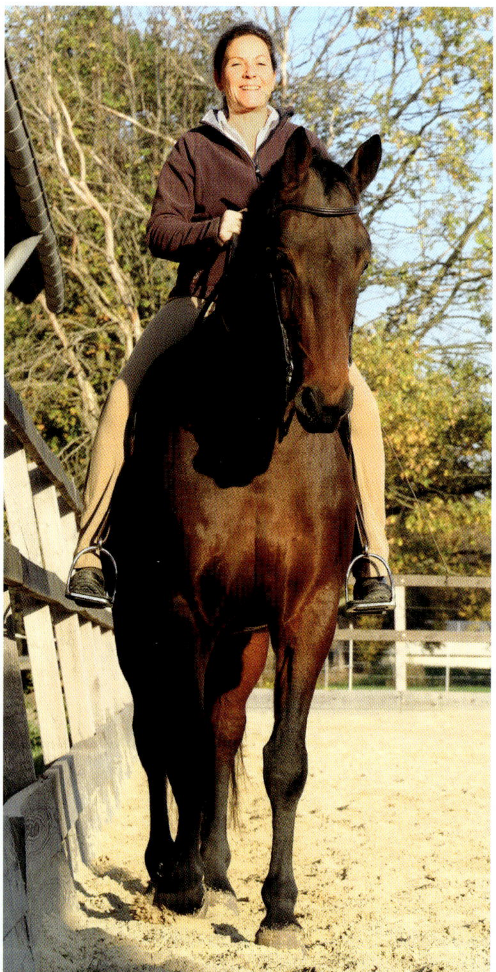

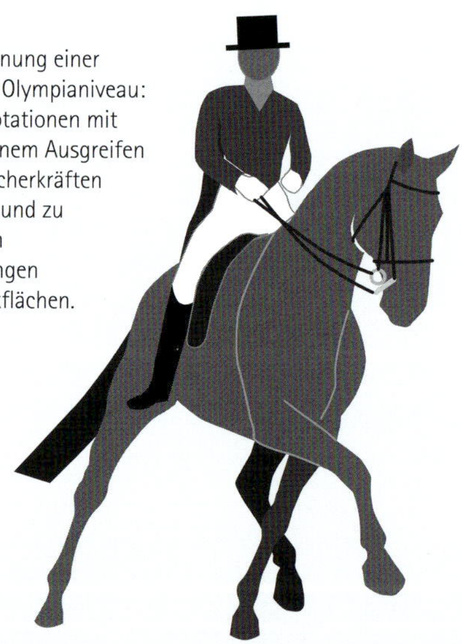

Abb. 25: Nachzeichnung einer Traversale Olympianiveau: Falsche Rotationen mit übertriebenem Ausgreifen führt zu Scherkräften im Körper und zu einseitigen Überlastungen der Gelenkflächen.

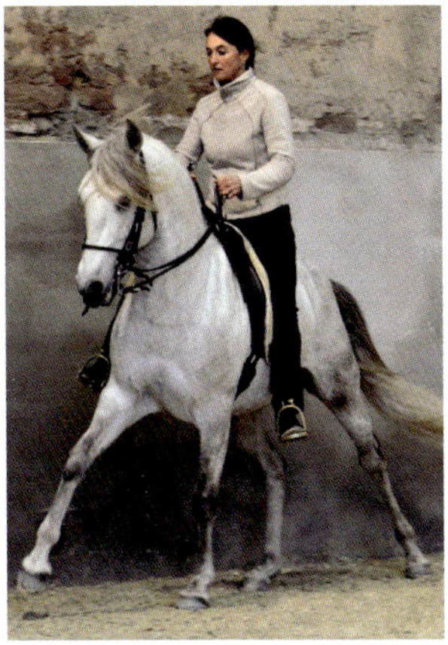

Abb. 26 und 27:

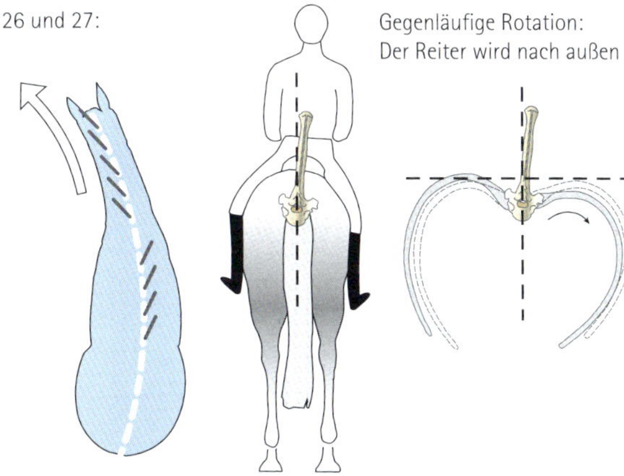

Gegenläufige Rotation:
Der Reiter wird nach außen gesetzt.

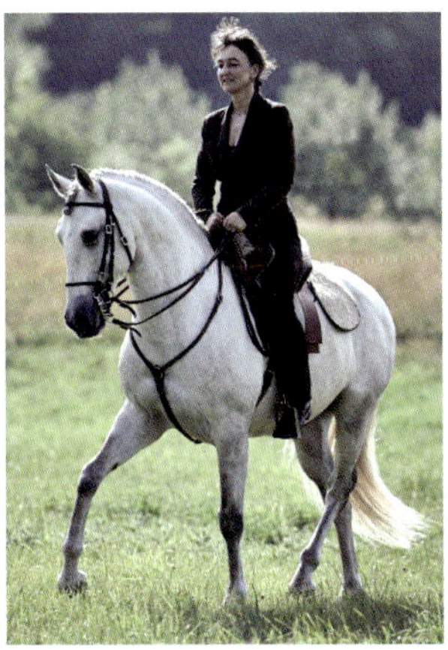

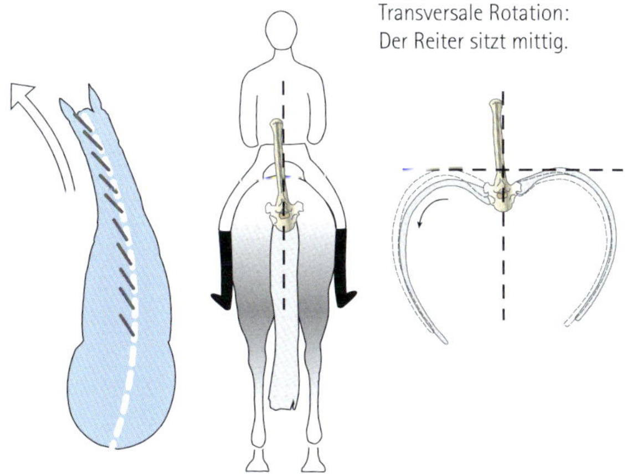

Transversale Rotation:
Der Reiter sitzt mittig.

male natürliche Funktionalität des Pferdekörpers (s. Abb. 25).

Im Konzept der »Baucheristen« (Ausbilder, die sich im Schwerpunkt an Baucher orientieren) ist eine »Überbiegung« des Halses in unterschiedlichen Übungen ein Teil der Gymnastik. Dabei ist es eindeutig, dass die Wirbel in unterschiedliche Richtungen – also gegensätzlich – rotieren: Der Hals wird stark nach innen gebogen, die Wirbel des Halses kippen nach innen und in der Brustwirbelsäule nach außen. Bei diesem Vorgang wird die Muskulatur und die Beweglichkeit der Wirbelsäule gymnastiziert. Möglicherweise ist dies der Grund, warum es zu einem positiven Ergebnis im Pferdekörper kommt. Das setzt immer voraus, dass diese Biegeübungen mit Gefühl und Sachverstand ausgeführt werden – anderenfalls kann man mit ihnen erheblichen Schaden anrichten. Das ist als eine extreme Übung mit physiotherapeutischer Wirkung anzusehen und muss sehr

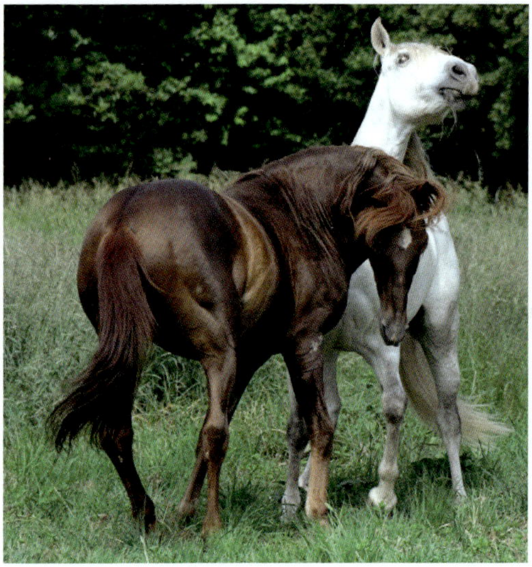

Abb. 28: Manchmal überbiegen sich Pferde im Spiel.

**Transversale und gegenläufige Rotation ...**

... Das hört sich alles sehr kompliziert an, was es auch durchaus ist, aber man kann manches leicht erkennen: Wird man z.B. in der Wendung, dem Schulterherein, dem Travers oder im Galopp vom Pferd extrem nach außen gesetzt, stimmt die Rotation und damit die Längsbiegung nicht. Wenn alles stimmt, kann man sehr ruhig, bequem und wie angesaugt in der Mitte des Sattels sitzen!

dosiert und gezielt eingesetzt werden. Aber wenn man wieder »normal« weiterarbeitet, muss durch die geradegehaltene Halsbasis für eine korrekte Rotation gesorgt werden. Bleibt das Pferd überbogen, wird es sich nicht versammeln können (s. Abb. 28).

**Bei der Entwicklung der Versammlung bleibt die natürliche Links-rechts-Rotation der Wirbel erhalten, wird aber verringert.**

**Die Fokussierung liegt immer mehr auf dem Anheben der Wirbelkörper in der Brustwirbelsäule und wird durch die sie stabilisierende Muskulatur erzeugt.** Sie wird durch das »Schultervor« besonders stark hervorgerufen. Dieser »Schultervor-Effekt« wird dann nach und nach mit in alle erdenklichen Übungen genommen.

Bei der Erzeugung von Federkraft spielt die **Tensegrität** eine wichtige Rolle. (Der Körper wird als bindegewebiges Netzwerk aus Zugkräften angesehen oder auch als fasziales System, s. Seite 32: Spannung und Integrität.) Die **Speicherung von Energie** durch Muskelarbeit im Gewebe für Elastizität und Federkraft **muss trainiert werden**. Die Zugkräfte sollen gezielt beeinflusst werden. Dies bezieht Cornille sogar auf die Interaktion zwischen Reiter und Pferd. Die **»Zugkräfte«** des Reiters wirken auf die des Pferdes ein und umgekehrt. (Wer sich darin vertiefen möchte, sei auf die Texte von »Science of Motion« verwiesen.)

Leitsätze aus der Arbeit von Cornille sind beispielsweise:

- Bereite das Pferd **langsam** vor, seinen Körper zu benutzen. Damit ist gemeint, dass **die neuen qualitativ guten Bewegungen vom Pferd Schritt für Schritt ergründet werden**. Man sollte die Arbeit unterbrechen, sobald negative

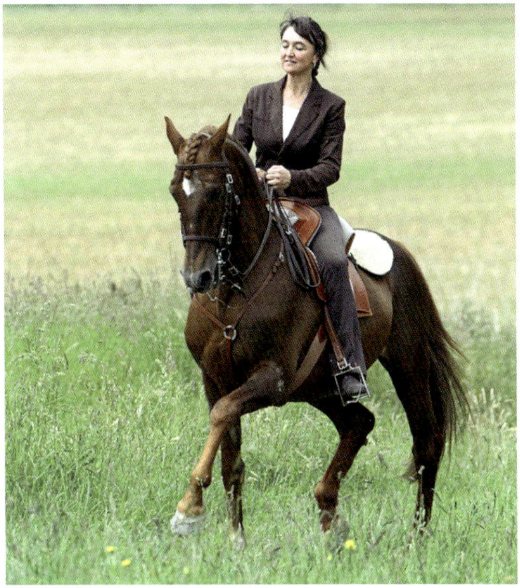

Abb. 29: Marialva bei voller Aufrichtung mit positivem Diagonal.

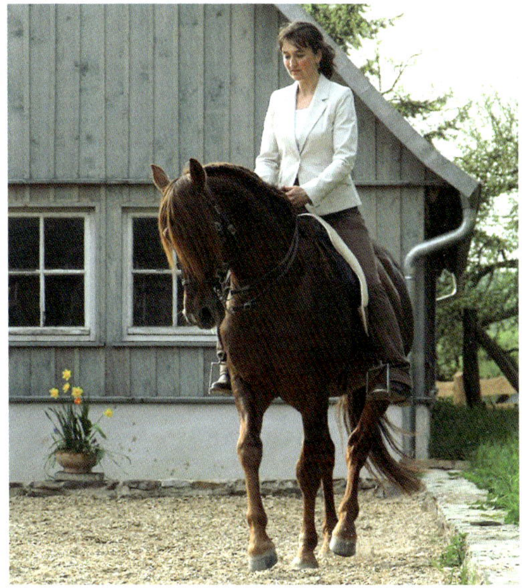

Abb. 30: Marialva kommt zu tief, fällt auf die Schultern, was ein negatives Diagonal zur Folge hat.

Bewegungen entstehen und neu beginnen, um die guten Bewegungen zu erzeugen, denn **Pferde lernen nicht aus negativen Bewegungen. Lernphysiologisch ist dieser Ansatz äußerst effektiv!**
(Hier gibt es Ähnlichkeiten mit dem Konzept von Baucher, der abbricht, wenn Verspannungen entstehen, und sie z.B. durch Flexionen auflöst und dann erneut beginnt.)
Man arbeitet nicht in schlechten Bewegungen weiter in der Hoffnung, daraus würden sich gute Bewegungen entwickeln.

- **Längsbiegung erzeugt mehr Anheben (der Brustwirbelsäule) und Anheben erzeugt mehr Längsbiegung.**
- **Geraderichtung ist Balance und Balance ist Geraderichtung.**
- Die Faktoren greifen ineinander, sie beeinflussen sich gegenseitig positiv.
- **Die Kräfte gehen von hinten nach vorne und von vorne nach hinten.** (Hier gibt es Ähnlichkeit zum Ansatz von Racinet, der Versammlung als Rückwärtsstendenz in der Vorwärtsbewegung ansieht.)

Durch diese Ausbildungsarbeit kommt es zu einem weiteren Aspekt von Versammlung: Dem Erzeugen von **»positiven Diagonalen«.** Der Trab besteht zunächst natürlicherweise als Zweitakt aus diagonalen Tritten, bei denen linkes Vorderbein und rechtes Hinterbein gleichzeitig auffußen und umgekehrt. Bei einem positiven Diagonal fußt das Hinterbein ein wenig vor dem gegenüberliegenden Vorderbein auf. Bei einem negativen Diagonal ist es umgekehrt: Das Vorderbein

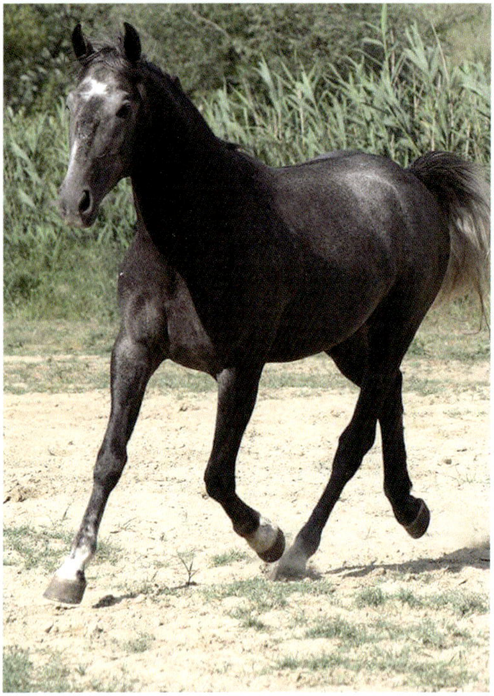

Abb. 31: Junger Lipizzanerhengst beim Imponierverhalten mit positivem Diagonal im Freilauf.

fußt etwas vor dem Hinterbein auf. In dieser Situation ist das Pferd nicht in Balance (s. Abb. 29 und 31).

## »Tensegrität« – Der Körper, ein Netzwerk aus Zugkräften

Die Tierärztin Dr. Sinja Guth setzt sich für Bewegungsmedizin bei Pferden ein und ist darüber hinaus Akrobatin, kann daher auf vieles aus eigener Körpererfahrung heraus zurückgreifen.
Sie hat sich intensiv mit der Faszienforschung befasst und beschreibt das dort verwendete Modell des Körpers folgendermaßen:

*»Bei dem aus dem* ***Tensegritätsmodell*** *entstandenen Verständnis des Körpers, sieht man das Skelett nicht länger als ein aufeinander »gestapeltes«, aufeinander drückendes Gerüst. Es verhält sich im Gegenteil so, dass die Knochen (als stabilisierende Elemente) quasi* ***schweben*** *und durch* ***Zugkräfte*** *am Platz gehalten werden. Diese Zugkräfte werden im Körper nicht nur durch einzelne Stränge aufgebracht, wie in den architektonischen Modellen, sondern durch das* ***gigantische, dreidimensionale Netzwerk des gesamten Bindegewebes – »das fasziale System«*** *– gewährleistet.* ***Alles steht miteinander in Verbindung, von der dicksten Sehne bis zur zartesten Zellmembran****.*
*Einwirkende Kräfte, ob Zug- ob Stoßkräfte, werden über das gesamte Netzwerk verteilt.«*

Diese dynamischen, auf Zugkräften basierenden Systeme weisen folgende Merkmale auf:

- Sie bestehen aus stabilen und elastischen Elementen.
- Die elastischen Elemente stehen unter Spannung.
- Die stabilen Elemente sind nur durch elastische Elemente miteinander verbunden.
- Die stabilen Elemente berühren sich nirgends.
- Die elastischen Elemente stellen Spannung im ganzen System her.

*»Ferner hat dieses System des Bindegewebes die Fähigkeit,* ***kinetische Energie elastisch zu speichern und wieder abzugeben****. Es ist erst seit einiger Zeit bekannt, welch* ***immen-***

***sen Anteil diese Speicherfähigkeit für Bewegungsenergie des faszialen Systems an der Qualität und Effektivität der Bewegungsausführung hat.** (Der Sprung eines Frosches zum Beispiel wäre ohne das nicht möglich.)*
*Diese Fähigkeit kann trainiert werden.*
*Ein gesundes und leistungsfähiges Bindegewebe ist essenziell für eine gesunderhaltende Art der Bewegungsausführung.«* (Siehe Abb. 16–18, Seite 22)
Wenn demnach die Muskeln nicht isoliert, sondern in einem körperweiten faszialen Netz arbeiten, liefert diese Erkenntnis Argumente für die versammelnde Arbeit, die bestimmte Kriterien erfüllen sollte. Diese moderne Ansicht geht über die Betrachtungsweise der klassischen Anatomie hinaus, in der einzelne Muskeln isoliert arbeitend betrachtet werden. **Die größeren funktionalen Faszieneinheiten können angesprochen und sollten gezielt genutzt werden.**

*»Betrachtet man das Tensegritätsmodell als Organisationsform der Körperstrukturen, wird deutlich, dass **erst die Einnahme einer versammelten Haltung dem Rumpf, der Wirbelsäule inklusive des Beckengürtels, die notwendige Stabilität verleiht, um eine bestmögliche Entfaltung der Bewegungsenergie der Gliedmaßen zu ermöglichen.** Die Stabilisierungsfunktion der Wirbelsäule für den Körper ist demnach nicht nur wichtig, damit das Tier sich bei der **Bewegung der Gliedmaßen überhaupt aufrecht und koordiniert fortbewegen kann,** sondern sie gewährleistet auch, dass sie eine Art **Ankerpunkt bildet, aus dem heraus elastische Energie-Speicherung aufgebaut werden kann.**«* (Dr. Guth)

Um diese Zugkräfte zu nutzen und zu trainieren, macht es bei der Ausbildung der Pferde Sinn, **direkt in die Entwicklung der vertikalen Kräfte zu gehen. Der Umweg über die Verstärkung der horizontalen Kräfte – der Schubkraft, wie sie im Reiterjargon genannt wird – in einer nicht versammelten Haltung verstärkt Muster, die wir nicht brauchen, und bringt das Pferd aus der Balance, die wir später wieder mühsam zurückgewinnen müssen.**

Die dreidimensionale Bewegung der Wirbelsäule sollte ermöglicht werden und sich immer in einer **sinnvollen Gesamtorganisation ausgeglichen zueinander** verhalten. Gerade die Verbindung zwischen letztem Lendenwirbel und Kreuzbein sollte entsprechend der anderen Winkelung der Wirbel zueinander sein und ist nicht dafür gemacht, in eine besonders starke Öffnung zu gehen. ***»Ein zu starkes »Abkippen« im Beckenbereich – ein quasi »falscher Knick« im lumbosacralen Übergang – ist dann das Ergebnis, welches eine geregelte Kraftübertragung nicht mehr gewährleistet!«*** (Dr. Guth)
**Die Stelle wird zu einer »Bruchstelle« ähnlich ungünstig, wie wenn das Pferd vor dem Widerrist im Hals seitlich abknickt.** (Vgl. Abb. 1–3 Piaffen, Seiten 5–7, und Abb. 8 Pferde frei in Versammlung, Seite 15)

Man kann dies besonders gut in den bereits erwähnten fehlerhaften Piaffen erkennen, bei denen der Beckenbereich übermäßig gekippt ist, die Hinterbeine zu weit unter den Körper kommen und die Vorderbeine zurückgestemmt sind. Diese »Pseudoversammlung« hat verheerende Folgen für den gesamten Körper, auch weil wichtige Achsen und Kraftlinien empfindlich gestört sind und Balance unmöglich wird.

Weiter beschreibt Dr. Guth anschaulich, warum manche althergebrachten Vorstellungen des **schwingenden Rückens nicht angebracht** und zweckmäßig sein können: *»Bei einem übermäßigen Aufwölben der Lende oder einem permanenten Auf- und Abschwingen* ***wird die Funktion von Bereichen im Pferdekörper, die für Stabilität oder für Beweglichkeit vorgesehen sind, vertauscht****: Sind der Bereich von ISG (Kreuz-Darmbeingelenk) und Hüftgelenk fest und die Lende zu locker, dann kann keine korrekte versammelte Haltung eingenommen werden. Lendenwirbelsäule und unterer Gliedmaßenbereich (vom Knie abwärts) müssen dann die Steifheit in ISG und Hüfte kompensieren, wofür sie nicht ausgelegt sind. Das führt über längere Zeit zu Überlastungen, Verschleißerscheinungen und in der Folge zu massiven orthopädischen Problemen.«*

Die versammelnde Arbeit muss demnach so gestaltet werden, dass auch **das Becken seine dreidimensionale Beweglichkeit entwickelt**. Besonders die Arbeit, in der **die ausbalancierende Funktion der Hinterhand mit seinen aufwärtswirkenden Kräften** gefördert wird, wirkt aktivierend auf Becken und Hüftregion. Die Bewegungen müssen hierfür in Langsamkeit begonnen werden und zwar mit einer kleinen Bewegungslänge der Beine – also wenig ausgreifend. Je nach Gangart kann der gewünschte Gang am Federn erkannt werden. Wenn der Raumgriff und die horizontale Schiebebewegung der Hinterhand vorherrschen, kann diese Region nicht federn und nicht in ihrer Gesamtheit aktiviert werden.

Es muss genau beachtet werden, dass jedes Pferd **seine eigene individuelle Frequenz und Kadenz hat, in der es optimal die elastischen Kräfte zur Aufnahme von Bewegungsenergie aus seinen Sehnen und Bindegewebe nutzen kann**. Wenn es zu schnell oder zu langsam arbeitet, können die »Druckfedern«, die Federkräfte aus dem Bindegewebe, nicht genutzt werden und die Bewegung ist fürs Pferd insgesamt mühsamer – kostet es mehr Kraft.

## Kritik an der Dehnungshaltung und dem Konzept des schwingenden Rückens

Ein rasantes Vorwärtstraben, wie es in der verbreiteten Praxis geschieht, erfüllt die oben genannten Kriterien nicht. Aber der Einfluss von Seunig scheint aktueller denn je: Man sollte im Arbeitstrab darauf achten, dass ***»das Tempo immer um ein Weniges schneller ist, als das natürliche Trabtempo, welches das Pferd gerade anbietet.«***
(Seunig S.185)

Dr. Guth beschreibt die Konsequenzen wie folgt: *»Das heutzutage weit verbreitet praktizierte* ***Reiten in ein und derselben (Dehnungs-) Haltung in überhöhtem Tempo****, Runde um Runde,* ***ist fatal für das Pferd. Die Belastung geht einförmig auf die Vorhand und den passiven, faszialen Halteapparat.*** *Die Körperfaszien passen sich an diese Position durch Verhärtung an, was eine verbesserte Aufrichtung massiv erschwert.* ***Besser ist, Bewegungsvielfalt anzuwenden und die Rumpfmuskulatur in versammelter Haltung mit der entsprechenden Aufrichtung aufzubauen****.«*

Wie bereits erwähnt hat sich Racinet mit der Messung des Widerrists in unterschiedlichen Halshaltungen befasst und erläutert anschaulich, **warum die Dehnungshaltung Nachteile hat** (S. 136).
Dehnen ist für den Sportler eine gute Sache, aber wer dehnt sich nicht im Stehen, sondern in der Bewegung? Kein Sportler würde mit dem Kopf eingerollt zwischen den Armen trainieren, um sich dabei gleichzeitig zu dehnen. Außerdem macht das Pferd bereits ausführliche Dehnübungen über viele Stunden am Tag, wenn es grast. Für die Versammlung ist sie nicht förderlich, **da das Senken des Halses den Widerrist mit absenkt**, und so ist durch die Dehnungshaltung der wichtige Vorgang – das Anheben von Widerrist und Halsbasis – erschwert. Außerdem wird der Widerrist durch die Dehnungshaltung nach vorne bewegt, was das Pferd eindeutig auf die Vorhand bringt und den Rumpf des Pferdes nach vorne über die Schultern schiebt. **Zusätzlich bewirkt die Dehnungshaltung, dass über den Zug auf den Rücken die Kruppe flacher wird**. Die Dehnungshaltung macht den Rücken flach und sorgt dafür, dass **der Beckenring in die falsche Richtung kippt**. Das steht dem Einrollen des Beckens, was wir für die Versammlung benötigen, diametral entgegen.

Zusammenfassend kann gesagt werden, dass eine tiefe Kopf-/Halshaltung mit weitem Untertreten der Hinterbeine zu steifen Hinterbeinen und einer flachen Kruppe führt und nur für das Nach-vorne-Schieben des Körpers geeignet ist. Als Grundlage für die Erarbeitung von Versammlung kann sie nicht brauchbar sein. Das Pferd schiebt seinen Körper über die Vorderbeine auf seine Schultern und bleibt in Disbalance auf ihnen hängen (s. Abb. 32, Seite 36).

Auch Steinbrecht berichtete davon, dass es die kürzeren Bewegungen sind, die in der Versammlung entstehen und die Versammlung fördern. Denn **viele der aktuellen Ansichten beruhen wie gesagt auf Missverständnissen**, aber auch auf **Ungenauigkeit, Vereinfachung und Verflachung der historisch überlieferten Inhalte**. So sei hier zum Thema Gewichtsverteilung und Schrittlänge (S. 55) erneut Steinbrecht zitiert: *»Im Allgemeinen nimmt man zwar an, dass man nach dem Gange des Pferdes auch seine Gewichtsverteilung beurteilen könne, dass nämlich* ***das stärkere Gewicht umso mehr auf den Schultern ruhe, je weiter die Hinterfüße im Schritt und Trab über die Huf-***

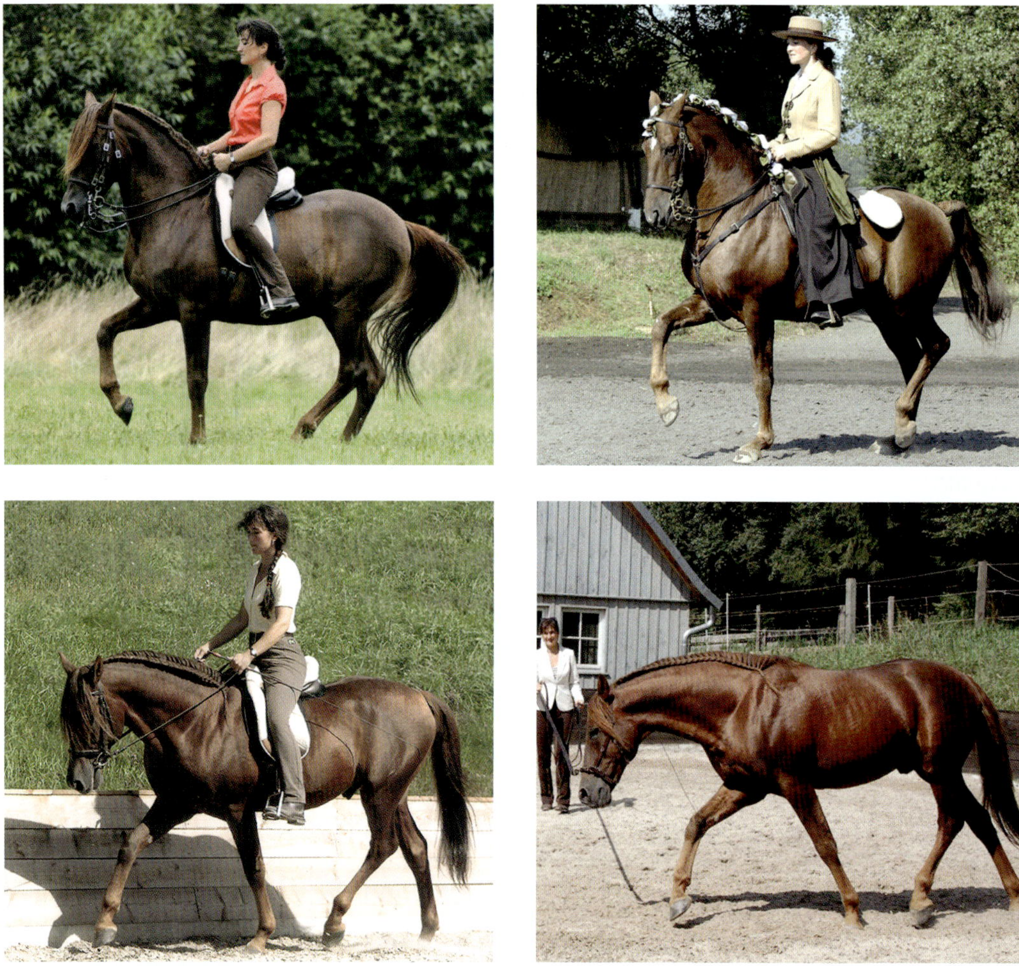

Abb. 32:
oben: Marialva, 13-jährig, in Piaffe und Passage: Versammlung führt zur Aufrichtung. Die Brustwirbelsäule ist aufgerichtet, die Vorderbeine arbeiten vertikal.
unten: Dehnungshaltung unter dem Sattel und an der Longe: Dehnungshaltung lässt das Pferd den Rumpf bei tiefer Brustwirbelsäule über die Vorderbeine schieben, die nicht mehr vertikal arbeiten können.

*tritte der **Vorderfüße hinweg treten**, dass es im Gleichgewicht sei, wenn der Hinterfuß genau in die Spur des Vorderfußes trete, und dass **das stärkere Gewicht umso mehr auf dem Hinterteile ruhe, je weiter die Hinterfüße mit ihren Huftritten hinter denen der Vorderfüße zurückbleiben**.«*

Auch Cornille (2018) nimmt in seinem Artikel Stellung zum Thema Dehnungshaltung und schwingender Rücken. Er schreibt:

*»... **Ein Pferd altert sehr schnell, wenn Leichtigkeit als Entspannung missverstanden wird, wenn Elastizität als Dehnung interpretiert wird.** Stattdessen bleibt ein Pferd jung und hält Muskeln und Knochendichte aufrecht, wenn die **Elastizität aus Tensegrität, elastischer Energie und adäquater Spannung der Faszien resultiert**. Ein Pferd altert sehr schnell, wenn die Arbeit der thorakolumbalen Wirbelsäule als Zurückschwingen interpretiert wird. Das ganze Konzept des Schwingens und Dehnens und Entspannens stammt aus dem Zeitalter, in dem das bloße Auge und die Unfähigkeit des bloßen Auges, schnelle Bewegungen zu registrieren, die einzige wissenschaftliche Referenz war. (...) **Der Gedanke, dass das Absenken des Halses die Funktion der Rückenmuskulatur richtig koordiniert, ist irrelevant. Tensegrität, elastische Energie und Faszienarbeit können nicht durch die Nackenhaltung koordiniert werden. Die Theorie, dass die Amplitude mit einem stärkeren Schwingen der thorakolumbalen Wirbelsäule verbunden ist, wird jeden Tag durch neues Wissen widerlegt**.«*

Cornille zeigt auf, dass die Dehnungshaltung nicht in die entscheidende elastische Federkraft führt und der schwingende Rücken eine falsche Interpretation für die Arbeit ist, die im Bereich der Brust- und Lendenwirbelsäule geschehen sollte.

Wie bereits beschrieben muss es auch seiner Meinung nach zu einem Anheben der Brustwirbelsäule mit korrekten und verringerten Rotationen kommen, was Stabilität bringt. Er spricht sich ebenfalls gegen das Absenken des Halses aus, weil es nicht dazu führt, dass der Rücken seine Tätigkeit ausführen kann. Entspannung, Dehnung und Schwingen des Rückens lassen sich diesbezüglich mit den modernen Ansichten der Faszienforschung nicht vereinbaren.

## Wird bei der Versammlung das Gewicht wirklich nach hinten geschoben?

Weiter führt Cornille in seinem Artikel über Versammlung und »die Last auf die Hinterhand schieben« aus:

*»**Ein Pferd kontrolliert das Gleichgewicht nicht, indem es Gewicht nach hinten verschiebt. Das Konzept der Gewichtsübertragung, das heute noch gelehrt wird, existiert nicht. Seit Jahrzehnten haben Studien immer wieder gezeigt, dass ein Pferd in der Versammlung das Gewicht auf den Hinterbeinen nicht erhöht. Stattdessen erhöht das Pferd die Länge der Zeit, die das unterstützende Hinterbein auf dem Boden ist. Das Pferd erhöht die Dauer der Abbremsphase des Hinterbeins.***
*Während der Piaffe zum Beispiel ist die verzögernde Aktivität der Hinterbeine beträchtlich und widersteht der Vorwärtsverschiebung des Körpers über die Vorderbeine. Die Dauer der Verzögerungsphase ist stark erhöht, während die Antriebsphase stark reduziert ist.«*

Von den **Hinterbeinen geht eine horizontale und eine vertikale Kraft aus. Die Rückenmuskeln sind es, die als »Einteiler der horizontalen Kraft« in eine vertikale Kraft** zu verstehen sind. Damit helfen sie **beim Ausbalancieren die Richtung umzuwandeln** und können abbremsend wirken. Die Rückenmuskeln nahe der Wirbelsäule verbinden 3 bis 5 Wirbel (s. Abb. 19, Seite 25) und aus ihrer schrägen Richtung ergibt sich diese Möglichkeit des Umwandelns.
**Je mehr ein Ausbalancieren nötig ist, desto mehr werden von den Rückenmuskeln »Aufwärts-Kräfte« produziert.**
Der Reiter, der die Balance des Pferdes gut kontrollieren kann, braucht also die Fähigkeit, diese Muskulatur am besten mit dem Sitz anzusprechen. Deshalb spielt die Langsamkeit im Training eine entscheidende Rolle.
Cornille bringt auch im Geschehen zwischen Reiter und Pferd, also den Hilfen aus dem Sitz heraus, Tensegrität ins Spiel (siehe S. 60, Teil II).

Folgende Aussagen von klassischen Ausbildern der Vergangenheit haben zu den eben genannten Fehlauffassungen geführt:
*»Durch die korrekte relative Aufrichtung bei gleichzeitig gut vor treibenden Hilfen ergibt sich, dass das Pferd bei vermehrter Tätigkeit der Hinterhand lernt, den Schwerpunkt mehr nach rückwärts zu verlegen.«*
(Richard L. Wätjen: »Das Dressurreiten«, S. 69)
Messungen haben ergeben, dass nur die Veränderung der Hals-/Kopfposition eine geringe Auswirkung auf die Gewichtsverteilung hat. (Siehe »Irrwege der modernen Dressur«, Philippe Karl) **Versammlung an sich – nicht mal die Piaffe – verlagert das Gewicht nicht weiter auf die Hinterhand.**
**Meine Recherchen zu diesem Thema waren aber durchaus widersprüchlich. Für mich ist diese Frage nicht eindeutig geklärt.**
**Das Vergrößern der Verweildauer des Beines auf dem Boden erhöht die »time under tension«, die Zeit der statischen Muskelarbeit, die für Versammlung typisch ist** (s. Abb.18).
Vielleicht liegt das Missverständnis im Begriff »Lastaufnahme« darin, dass durch eine erhöhte Belastungszeit der Muskulatur nicht automatisch das Tragen von mehr Gewicht auf der Hinterhand zustande kommt.

**Wenn es nicht die Gewichtsverlagerung ist, was spielt sich stattdessen in der Versammlung ab?**
Nach Racinet ist versammelnde Arbeit die **Entwicklung der »Zugkraft« (in der Abbrems- oder Tragphase), weniger die Schubkraft** der Beine. Damit ist gemeint, dass die erste Phase nach dem Auffußen, wenn das Pferd sich nach vorne zieht, gefördert wird. Die 2. Phase, wenn sich das Pferd nach vorne schiebt (sobald das Bein hinter der Vertikalen ist), ist oft mit einem Flachwerden der Kruppe verbunden. Dies steht der Versammlung, bei der das Becken eingerollt sein muss, eher entgegen.

Nach Cornille ist es wichtig, **das Bein länger am Boden** zu halten, damit sich das Pferd nach oben abdrücken kann. So kann das Bein in seinen faszialen Strukturen mit kinetischer Energie aufgeladen werden, um die Federkraft nach oben zu verstärken.

### Versammlung ist Reiten in Leichtigkeit!

Cornille bestätigt mit seiner Arbeit den Gedanken von Baucher, den Gedanken der Leichtigkeit beim Reiten. Er bringt es auf den Punkt, indem er zeigt, dass nur **»Reiten in Leichtigkeit«** geeignet ist, um das Pferd in seinen Bewegungen zu schulen und zu unterstützen. Das gilt sowohl für die körperliche Seite als auch für die psychische. Dadurch gewinnt die Tradition der **»Légèreté«** für die Ausbildung an Bedeutung. Sie hat ihren Schwerpunkt im franco-iberischen Raum und wurde wie oben bereits erwähnt stark von Baucher geprägt.

Lassen wir also Baucher wieder zu Wort kommen, wie man nun entgegen der deutschen Vorwärtstradition die Haltung entwickelt, die in die Versammlung führt. Er schlug die **»mise en main«** vor. Sie ist eine Vorgehensweise, bei der das Pferd unter Lockern des Kiefers in eine für die Versammlung geeignete Haltung und Situation gebracht wird. Racinet schreibt hierzu auf S. 37: *»Die 'mise en main', das 'In-die-Hand-Bringen' oder 'In-die-Hand-kommen-Lassen' ist eine* ***Methode, mit der man das Pferd im Halt auf die Hinterhand setzen kann und mit der man es in der Vorwärtsbewegung in dieser Haltung bewahren kann. Die 'mise en main' ist erreicht, wenn das Genick hoch, gebeugt und entspannt ist. Alle drei Eigenschaften müssen gleichzeitig verwirklicht sein.«***

Über die absolute Höhe des Genicks muss ein erfahrener Ausbilder entscheiden. Es hängt von vie-

Abb. 33:
Finito, 7-jährig, in einer Piaffe bei voller Aufrichtung und in Dehnungshaltung mit über die Vorhand geschobenem Rumpf.

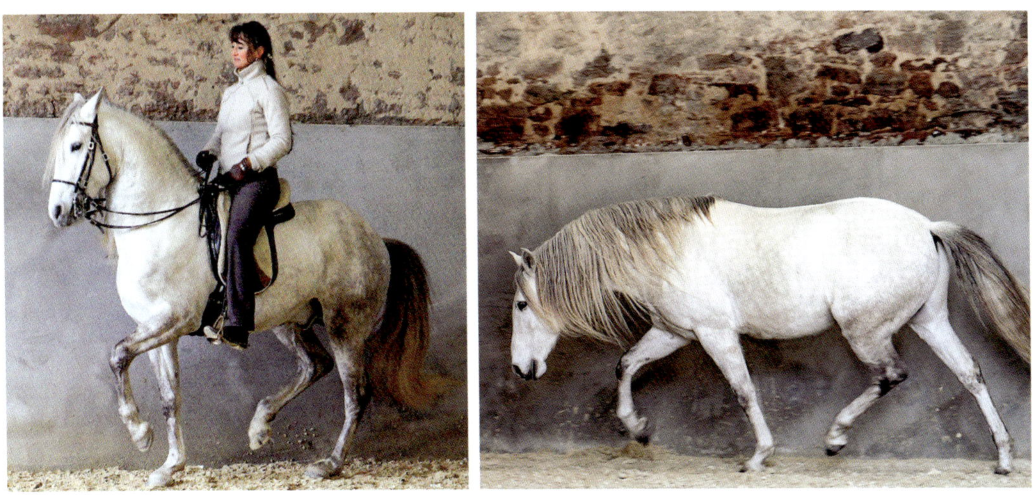

len Faktoren ab, zu welcher Zeit der Hals wie hoch getragen werden sollte.
Das Anheben des Halses bewirkt gleichzeitig das Anheben des Widerrists und seine Verlagerung nach hinten, was sich bis zu den Sitzbeinhöckern auswirkt. Diese werden etwas nach vorne gebracht, was das Beugen der Sprunggelenke begünstigt. **Auf diese Art kann Versammlung mit dem 'mise en main' durch geschickte Einwirkung direkt erzeugt werden.**
**Die Betonung liegt auf »geschickt«! Ich möchte an dieser Stelle davor warnen, ohne Erfahrung und ohne Anleitung durch einen guten Ausbilder, diesen durch die Hand erzeugten Vorgang anzuwenden.** Hier gibt es extrem viele Gefahren, dem Pferd zu schaden. Die Einwirkung mit der Hand braucht viel Schulung und extremes Gefühl. Anderenfalls kann beispielsweise der Übergang Hals-Brustwirbelsäule gestaucht werden oder es kann ein »falscher Knick« entstehen. (Mehr dazu in Teil II.)

## Drückt ein Pferd automatisch den Rücken weg, wenn es mit der Hand aufgerichtet wird?

Hierzulande bekommt man gesagt, dass das Pferd den Rücken nach unten durchdrückt, wenn der Hals und der Kopf hoch getragen werden. Dass dies nicht automatisch der Fall ist, kann man schon daran sehen, dass es im Galopp eine Phase gibt, in der der Hals hoch getragen wird und der Rücken sich rund nach oben wölbt, während die Hinterbeine weit unter den Körper greifen. Dies ist noch extremer zu beobachten kurz bevor ein Pferd vor einem Hindernis abspringt.

Meiner Erfahrung nach ist die Art und Weise **ausschlaggebend, »wie« ein Pferd den Hals und den Kopf hebt und »wie« dann die Hals-Kopf-Winkelung ist**. Manche sprechen von »absoluter (mit den Händen erzeugter) oder »relativer« Aufrichtung, die indirekt und durch geschickte Einwirkung mit Sitz oder entsprechenden Übungen erzeugte Aufrichtung des Halses. Diese Unterscheidung ist nicht wesentlich, sondern nur die Qualität der Aufrichtung.
Auf jeden Fall braucht das Pferd ein durch die Arbeit flexibles Genick. Im Umkehrschluss ist das Genick frei, wenn es in der Lage ist, durch gute Schulung und Blockade-Freiheit den Widerrist und die Halsbasis zwischen den Schulterblättern anzuheben.

Kommt beim Anheben des Halses wirklich die Halsbasis mit nach oben oder nur die oberen Teile des Halses? Kann das Pferd die Halsbasis überhaupt heben oder hat es Probleme in der Hüftregion, die das verhindern? Bleibt der Hals-Kopf-Winkel zu offen oder knickt der Hals falsch ab? **Auf jeden Fall sei davon abgeraten, das Pferd zu einer Beizäumung zu zwingen.** Dies kann extrem negative Folgen auf den gesamten Bewegungsapparat des Pferdes haben.
Aufrichtung und Beizäumung sollten parallel mit einer funktionierenden Brustwirbelsäule wachsen. Gelingt es einem jedoch das Pferd aufzufordern, Hals und Kopf anzuheben, weil die Voraussetzungen dafür gut sind, sodass sich auch die Halsbasis und der Widerrist mit anheben, so ist diese direkte Aufrichtung von Vorteil.

Laut Racinet bringt besonders das **ausführliche Reiten in Dehnungshaltung das Pferd dazu, nach der Arbeit den Hals falsch anzuheben und die Hinterbeine nach hinten raus zu stellen – also den Rücken wegzudrücken**, um die überstrapazierten Muskeln der Dehnungshaltung zu entspannen. Dies ist ein möglicher Grund, warum diese Haltung entsteht und nicht das Reiten mit angehobener Halsbasis. Weitere detaillierte Ausführungen, warum das Pferd durch das reiterliche Anheben des Halses nicht automatisch den Rücken wegdrücken muss, kann man in seinem Buch »Auf dem falschen Fuß: Kritische Betrachtungen zur modernen Dressur« nachlesen. Die komplizierte Darlegung des Geschehens in der Muskulatur wird dort ausführlich erörtert.

## In welcher Gangart lässt sich Versammlung am besten erarbeiten?

Wir haben gesehen, dass hierzulande üblicherweise die Pferde im flotten Trab mit tiefem Hals gearbeitet werden, was keineswegs versammlungsfördernd ist. **Viele Pferde sind von Natur aus im Schritt und im Galopp besser ausbalanciert**, was der Grund dafür ist, warum in den Arbeitsreitweisen weitestgehend im Schritt und Galopp gearbeitet wird und nicht im Trab. Erst der **bearbeitete Trab, die Entwicklung der Kadenz**, der Schultrab und auch die Piaffe und die Passage **ermöglichen, dass das Pferd ins Gleichgewicht und damit in die Versammlung kommt.**

Natürlich gibt es **große Unterschiede zwischen den Pferden**. Manche Pferde haben so große Schwierigkeiten mit dem Galopp (z.B. manche Friesen, die für die Kutsche gezüchtet sind), sodass man den Galopp erst einbeziehen kann, wenn der Trab in seiner Kadenz hinreichend entwickelt wurde. Auch La Guérinière schlägt vor, das Pferd zunächst erst in Schritt und Trab auszubilden, weil der Galopp sich parallel ganz von alleine indirekt verbessert. Trotzdem ist es sinnvoll diese Ansicht zu beachten, besonders weil Pferde wie die Warmblüter meist einen ganz hervorragenden Galopp haben und dann sollten sie ausführlich galoppiert werden (Abb. 34+35, S. 42).

Viele der **alten Meister** haben den **Schritt als die Gangart des Erarbeitens und des Lernens** beschrieben. Beim Arbeitseinsatz der Pferde in den **Arbeitsreitweisen, die auf versammelte, ausbalancierte Pferde angewiesen sind, ist der Galopp für schnelle Manöver am besten geeignet**.

An dieser Stelle möchte ich noch einmal Racinet zu Wort kommen lassen, der Luise Mills Wilde, (»Guide to Dressage« Millwood, NY: Breakthroughs Publications 1987, S. 134) zitiert »... *ohne den Arbeitstrab kann seitliche Geschmeidigkeit und geschmeidige Arbeit in Seitengängen gar nicht entwickelt werden.«*

Darauf entgegnete er: ***»Ein solcher Satz kommt der Behauptungen gleich, dass eine Ballerina gymnastische Übungen zur seitlichen Flexibilität nicht schaffen könne, wenn sie nicht auch Langstreckenläuferin ist.«*** (Seite 62)

Darüber habe ich mich bei meinen Recherchen köstlich amüsiert!

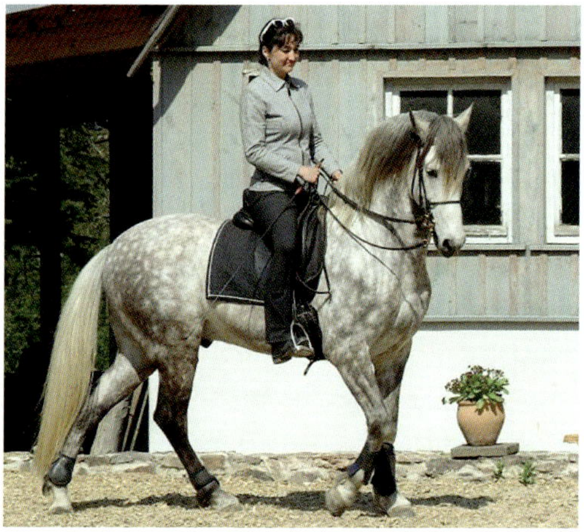

Abb. 34: 7-jähriger Andalusier im versammelten Schritt.

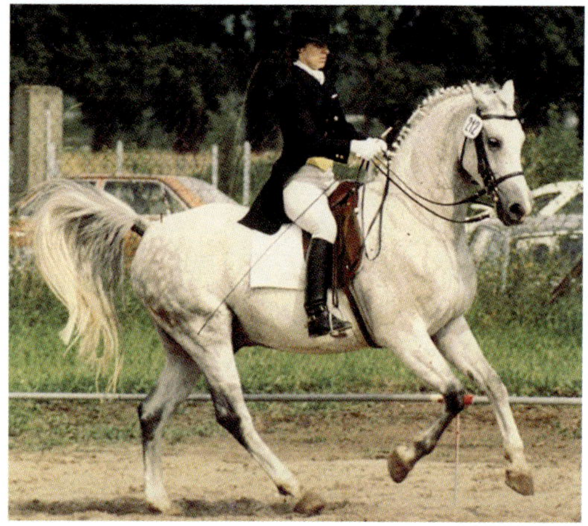

Abb. 35: Katrin Müller auf ihrem Shagya-Araber im versammelten Galopp auf der hessischen Meisterschaft 1985. Korrektes Reiten im Sport.

Ich bin der Meinung, dass man die Arbeit im Schritt beginnen sollte und je nachdem, wie das Pferd veranlagt ist, dann den Trab oder den Galopp schwerpunktmäßig hinzufügt. Man kann recht schnell erkennen, ob man im Trab oder im Galopp die im Schritt erarbeiteten Qualitäten halten kann. Insgesamt sollte aber immer im Einzelfall entschieden werden. Das Pferd kann unterschiedliche Phasen haben, in denen Trab oder Galopp besser geeignet sind, um es zu fördern.

## Versammlungsfördernde Elemente der Ausbildung – Alternativen zur Dehnungshaltung

Doch wodurch fördert man die Versammlung, wenn sie nicht durch Umwandeln der Schubkraft in die Tragkraft entstehen soll, so wie es in den Richtlinien der FN gefordert wird?

Baucher hielt das **dauerhaft entspannte und tätige Maul für eine Grundbedingung reeller Versammlung.**

***»Die Hauptaufgabe fällt der Hand durch feinfühliges Auslösen der Maul-Tätigkeit zu. Das Becken des Reiters wird aufgerichtet und anschließend kann das Pferd mit den Schenkeln vorwärts gebracht und darauf geachtet werden, dass es nicht wieder zurück auf die Schultern fällt.«*** (Seite 37)

Das Pferd wird dies zu Beginn nur kurz durchhalten. Durch viele Wiederholungen zum Halten oder durch Verlangsamungen gelingt es über einen längeren Zeitraum das Pferd dazu auszubilden, dass es diese Haltung und Leichtigkeit in allen Situationen aufrechterhalten kann. Es setzt auch voraus, dass nicht zu viele Blockaden im Pferd sind, die man zuvor lösen müsste.

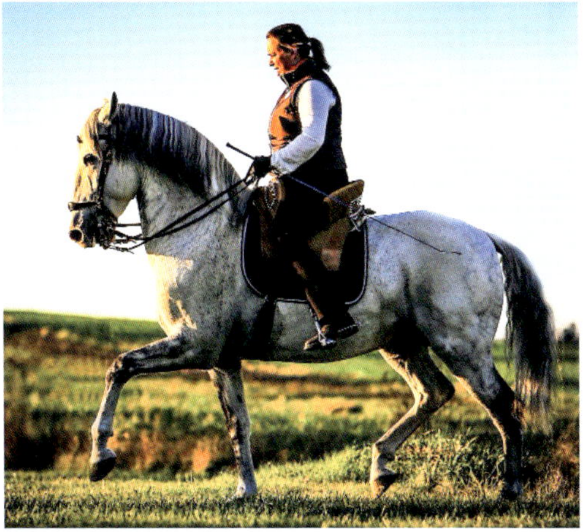

Abb. 36: Konstanze Kopta auf ihrem Lusitano bei guter Selbsthaltung und deutlich erkennbarer Maultätigkeit.

Bei dieser Vorgehensweise soll jegliches »Auf-das-Gebiss-Lehnen« im Laufe der Zeit verschwinden, **die Selbsthaltung** ist das Ziel. Die Idee der Anlehnung im Sinne einer ziehenden Dauerverbindung ist damit nicht zu vereinbaren (Abb. 36). Das Lösen des Mauls, die **»Cession de Machoire«** geht mit einem **lockeren Anheben und Loslassen des Gebisses mit der Zunge einher**. Man kann dies an einem schönen »Klirren« oder »Klappern« mit dem Gebiss hören. Die **Aktivität der Zunge hat tiefe lösende Auswirkungen auf den Organismus während der Ausbildung**. Dafür werfen wir einen Blick auf die Erkenntnisse der **Neuroathletik**: »*Wenn man die neuronale Aktivität des* ***sensomotorischen Hirnbereichs*** *erhöht, indem man zum Beispiel* ***hoch innervierte Gebiete wie die Zunge aktiviert,*** *kommt es zu einem* ***»sensory priming«****. Das bedeutet, dass* ***die gesteigerte, neuronale Gesamtaktivität das motorische Lernen drastisch verbessert****. Zieht man einen Analogieschluss dieser von Lars Lienhard beschriebenen Studie auf die Reiterei, könnte das »sensory priming« bei der Maultätigkeit stattfinden. Vermehrte Maulaktivität wendet man am besten unmittelbar vor oder während dem Erlernen neuer Bewegungsmuster an. Dieser Umstand stützt die Auffassung, dass das Hergeben des Mauls eine gute Voraussetzung schafft, um dem Pferd günstige neue Bewegungsmuster zu vermitteln.«* (Dr. Guth)

Außerdem können die kleinen hoch innervierten wirbelsäulenahen Muskeln (Musculi Multifidi, s. Abb.19, Seite 25) mit Hilfe der Maultätigkeit entspannt werden. Die **»Cession de Machoire«**, also das Hergeben des Mauls, ist ein heilsames Mittel und hat extrem entspannende Wirkung auf die pathologischen Verkrampfungen dieser Muskulatur an der Wirbelsäule. Sie entspannt die Muskeln, die einer Rundung des Rückens entgegenwirken. Sie hilft also bei der Rundung des Pferdes (das Anheben der Brustwirbelsäule), die zur Versammlung benötigt wird.

## Unterschiedliche Arten der Muskelarbeit

Vereinfacht dargestellt brauchen wir **Anspannung und Entspannung**, damit die **Bewegungsmuskulatur alternierend** (abwechselnd) arbeiten kann. Das heißt, dass z.B. Beuger und Strecker eines Gelenks einander ablösen, sich abwechseln, damit sie nicht gegeneinander ankämpfen. Die gegenseitigen Kräfte müssen ins Lot gebracht werden, damit die Bewegungen gelöst und koordiniert sein können. Gibt es Einseitigkeiten, kann es zu verschiedensten Kompensationen kommen, die nicht zweckmäßig sind.

Gibt es Blockaden und Verspannungen, kommt es durch das Gegeneinander der Muskulatur zu unnötigen Belastungen auf Sehnen, Bänder und Gelenke. Da auch die Durchblutung und damit die **Versorgung der Strukturen durch Verspannungen eingeschränkt wird**, kann es zu vielfältigen Problemen kommen: Der Aufbau der Muskulatur ist gehemmt. Manchmal kommt es sogar zu Muskelschwund, weil Dauerverspannungen die Durchblutung verringern. Die Skelettmuskulatur ist in der entspannten Phase am besten durchblutet. Wird die Versorgung hingegen stark durch Dauerverspannung eingeschränkt, baut sie sich ab.

Ist eine Bewegung durch Verspannungen nicht flüssig und koordiniert, kann es leichter zu Verletzungen kommen. Auch zu Mikroverletzungen, von denen wir nichts bemerken. Ihr Reparaturvorgang ist durch mangelnde Durchblutung verschlechtert und so können diese kleinen Schäden zu degenerativen Erscheinungen auswachsen. Daraus folgt, dass oft Verspannungen ein Anfang sind und dies zu Schäden des Bewegungsapparats führen kann, wie beispielsweise Schäden an Sehnen und Bändern oder Arthrosen an Gelenken.

Bei der **Haltemuskulatur** sieht es etwas anders aus. Sie ist besonders gut durchblutet und auf Dauerleistung eingestellt. Sie ist nicht so kräftig wie die Bewegungsmuskulatur, muss aber genauso trainiert werden. Sie ist zwar bei Aufrichtung in Dauerarbeit, aber trotzdem gibt es in ihr Veränderungen, wenn sich die Lage des Körpers verändert. Hierfür benötigt sie **eine dynamische Stabilität, die gut koordiniert** werden muss. Beim Pferd gehört die tief liegende Rückenmuskulatur dazu, auch wenn es nicht aufrecht steht so wie wir.

Zusammenfassend kann gesagt werden, dass Versammlung etwas Natürliches ist und bei unversehrter Muskulatur und blockadefreien Gelenken spontan von jedem Pferd eingenommen werden kann. **Die Schulungsleistung besteht darin, dass sie vom Reiter abrufbar gemacht werden kann und die hierfür nötige Muskulatur unter dem Reitergewicht soweit trainiert werden muss, dass sie über einen längeren Zeitraum und in verschiedenen Situationen den Reiter tragen kann.** Allerdings existieren bei vielen Pferden bereits ungünstige Bewegungsmuster und Fehlhaltungen sowie viele Blockaden, und das bedeutet, dass man sich zunächst mit diesen auseinandersetzen muss. Auch deshalb ist es so wichtig, einen erfahrenen Ausbilder an der Hand zu haben, der hilft, den Ausbildungsweg auf das jeweilige Pferd in der jeweiligen körperlichen und seelischen Verfassung zuzuschneiden.

## Geistige, psychologische und mentale Aspekte der Versammlung

Ich sehe **Versammlung als Zentrierung der geistigen Kräfte im Sinne von Meditation** an. Hohe Konzentrationsfähigkeit ist fundamental. Ich meine auch, dass besonders die sich immer weiterentwickelnde **Aufmerksamkeit** zentral ist. **Wahrzunehmen** was mit dem Pferd ist, was mit **Ihnen** ist und zusätzlich noch das, was sich **zwi-**

**schen Ihnen und dem Pferd** abspielt, ist schon eine Herausforderung, die geübt werden muss. Es hört sich vielleicht etwas abgedroschen an, aber seien Sie möglichst viel im »Hier und Jetzt«. Sie benötigen Ihre volle Aufmerksamkeit, um mit der sich abspielenden Komplexität umgehen zu lernen.

Meine zentralen Hinweise sind: **Teilen Sie sich die Arbeit in kleinste Schritte ein! Beginnen Sie die Arbeit in absoluter Langsamkeit! Versuchen Sie jeden Moment wahrzunehmen und zu kreieren! Machen Sie zunächst immer nur einen Anfang, in dem Qualität entstehen kann!**

Genauso benötigen wir die Fähigkeit, uns zu konzentrieren. Wir müssen einen **Fokus** entwickeln **auf das, was entstehen soll**, ein inneres Bild von dem, was man erreichen möchte. **Dieses Bild steht dem Pferd als Information zur Verfügung**. Dieses Bild besteht zum einen daraus, **wie etwas aussehen soll** und zum anderen, **wie es sich anfühlen soll**. Um dies zu erreichen, müssen Sie Ihren **Blick schulen**. Nutzen Sie jede Gelegenheit mit **ausgebildeten Pferden, Ihr Gefühl zu schulen**. Wichtig ist dabei, dass Sie sich nur gute Reiterei ansehen und wenig Zeit damit vergeuden, sich unschöne Bilder zu verinnerlichen. Das »Klima« schlechter Reiterei wirkt auch auf unser Unterbewusstes und das sollten wir lieber nur mit konstruktiven Bildern anreichern.

Wie genau die **Informationsübertragung der inneren Bilder und des geistigen Fokus auf das Pferd** funktioniert, kann ich als Biologin nicht sagen. Ich hatte eine Diplomarbeit über Pferdeverhalten und außerdem eine Masterarbeit über »Intuition in der Beratung« geschrieben und weiß, dass es Informations-Übertragungen gibt, ohne dass man bislang wissenschaftlich so genau erklären kann, auf welche Art dies funktioniert. Ich habe mich in der Auswahl der Anwendungen der praktischen Reiterei immer langfristig daran orientiert, was bei den Pferden gute Auswirkungen hatte. Deshalb ist mir die **Erfahrung eine äußerst wichtige Orientierungsmöglichkeit und als Handlungsforschung anzusehen**.

Auch wenn die vom Menschen entwickelten Modelle nicht klar genug oder manchmal widersprüchlich sind: **»Das Pferd hat recht!«** Aus diesem Grund erscheint es mir nicht wichtig, den Mechanismus verstehen zu können – zumindest im naturwissenschaftlichen Sinne – der für die Übertragung geistiger Informationen zuständig ist.

Die Praxis zeigt, dass sich Signale teilweise nur über Gedankenkraft übermitteln lassen. Ein plakatives Beispiel ist ein Pferd zu longieren und es nur über Gedankenkraft anzuhalten. Wie kann ich dem Zuschauer demonstrieren, dass es wirklich meine Gedankenkraft ist, dass ich genau in diesem Moment »Anhalten« gedacht habe. Ich habe Experimente gemacht, bei denen der Zuschauer bis zehn zählte und ich dann »Stop« dachte und das Pferd anhielt. Natürlich erzeugte das Erstaunen.

Meiner Erfahrung nach **können versierte Reiter ein sehr starkes – ich nenne es – »Informationsfeld«** entwickeln. Es finden auch Veränderungen der Körperspannung des Reiters statt, aber ich vermute, dass die Kommunikation darüber hinausgeht. **Je ausgeprägter die Erfahrung,**

**desto stärker, klarer und direkter ist die geistige Einwirkung auch auf das Pferd.** Deshalb ist es sehr nützlich, sich in diesen Dingen ständig und stetig zu üben.

Ein weiterer Aspekt der **Selbstbeobachtungsverbesserung** ist, dass **das Pferd unsere Gedanken und Empfindungen spiegeln kann**.

In der **Symbolforschung** gilt das Pferd unter anderem als das Wesen, an dem sich der Mensch als Mensch erkennt. **Das Pferd steht für die Bewusstwerdung der Seele des Menschen, für alle seine Wünsche und Hoffnungen, aber auch für seine Ängste.** Wenn Sie dieses Spiegelungsgeschehen ernst nehmen und sich von einem Ausbilder oder einem anderen Beobachter helfen lassen, es zu ergründen und zu analysieren, können Sie zu einer verbesserten Bewusstheit über sich selbst gelangen. Dies ermöglicht im Umgang mit dem Pferd, dass Sie sich selbst präziser einbringen, sich auch an der Interaktion mit dem Pferd in Ihren Themen üben. Natürlich können Sie Ihre eigenen Stärken in der Arbeit konstruktiv anwenden und einbringen.

Je besser Sie sich kennen und damit Ihre eigenen **Wünsche, Hoffnungen und Ängste erkennen können, desto »reiner« wird Ihre Wahrnehmung dem Pferd gegenüber**. Sie können dann besser wahrnehmen, was mit dem Pferd ist, ohne auf das Pferd Ihre Wünsche, Hoffnungen und Ängste zu projizieren.

Damit meine ich, dass manche Wünsche dazu verleiten, etwas »schön zu gucken« oder Ängste sich in Befürchtungen dem Pferd gegenüber auf das Geschehen übertragen. Kann man diese Dinge

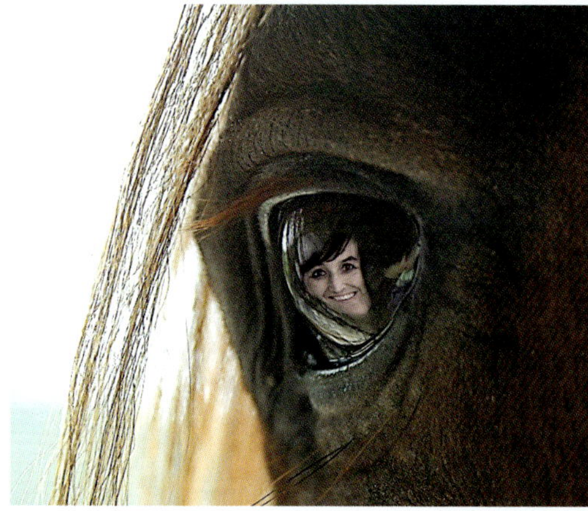

Abb. 37: Wir spiegeln unser Verhalten und unsere Eigenschaften in der Interaktion mit dem Pferd.

besser unterscheiden, gilt es **die eigene Urteilskraft zu stärken**.

Typische **entwicklungshemmende Faktoren der Menschen sind Bequemlichkeit und Unsicherheiten**, die davon abhalten, selbstverantwortlich zu handeln. Ich empfehle jedem Reiter, gut überlegte Entscheidungen zu treffen und sein Gefühl und damit auch die eigene Intuition zu schulen. Sie sollten sich die Mühe machen, die **Vorgänge genau zu beobachten und zu bewerten**. Anschließend können **Entscheidungen** getroffen werden, für die man selbst die **Verantwortung** übernimmt. Diese Entscheidungen müssen dann wieder in ihrer **Auswirkung geprüft** und unter Umständen verworfen werden. Ein unaufhörliches **kreatives Anpassungsgeschehen**.

Natürlich sollte dieser Vorgang nicht das Verhältnis zum Ausbilder stören, dem Ausbilder gegenüber ist es wichtig, sich voll einzulassen und zunächst seiner Urteilskraft zu vertrauen und sie umzusetzen. Aber parallel dazu sollte Ihre Urteilskraft auch mit Hilfe des Ausbilders entwickelt werden, damit Sie vernünftig selbständig üben und alles Gelernte in die Praxis umsetzen können. Nur wer beurteilen kann, was geschieht, und nicht einfach nur wie eine »Marionette« irgendwelche Anweisungen reproduziert, wird **in gutem Kontakt zum Pferd die Komplexität bewältigen** können.

**Die Reitlehre und die Methoden sind immer nur Vereinfachungen, menschliche Modelle, die helfen, mit der Komplexität des lebendigen Geschehens und der Wirklichkeit umzugehen. Und der Mensch muss entscheiden, wie er die Modelle anwendet.**

Die Pferde sind so unglaublich verschieden. Jedes Individuum ist von einem anderen zu unterscheiden, und die Veränderungen im Laufe des Ausbildungsweges und Lebens des Pferdes sind so gravierend, dass man ständig neue Entscheidungen treffen muss. Deshalb sollten Sie sich auf keinen Fall nur an irgendwelche Schemata halten und das Pferd nicht in eine Form pressen wollen.

## Der geistige Anteil der Hilfengebung und der Umgang mit den Hilfen

Die **geistigen und die körperlichen reiterlichen Hilfen verschmelzen miteinander**. Wenn Sie eine Hilfe geben wollen, um etwas zu verändern, dann richten Sie Ihren Fokus darauf, wie das Pferd reagieren soll. Dann fühlen Sie sich langsam an das Pferd heran und wenn es keine Abwehrspannung aufbaut, können Sie die Hilfe geben. Nun können Sie beobachten, ob und wie es darauf reagiert. Wenn dieser Vorgang gut gelingt, dann lässt einen das Pferd mit der reiterlichen Hilfe an sich heran, fast in »sich hinein«. Dies sehe ich als einen sehr wichtigen von Einfühlung gesteuerten Vorgang, der dem Pferd ermöglicht, sich auszuprobieren und in einer angenehmen Stimmung auf die vorgeschlagenen Dinge einzulassen.

Oft geschieht es jedoch in der Praxis, dass der Reiter dem Pferd seine eigenen Hilfen zu plötzlich quasi »überstülpt«. Auch ganz ohne irgendwelche negativen Absichten, nur aus mangelnder Übung heraus. Die meisten wenig ausgebildeten Pferde reagieren entweder mit einer »Abwehrspannung« auf die Hilfen oder sie haben sich angewöhnt, wenig bis gar nicht zu reagieren, weil sie in der Vergangenheit zu viel Unklarheit oder auch Unangenehmes erlebt haben. Deshalb ist eine »weiche, beobachtende« Klarheit so wichtig, damit sich das Pferd einlässt.

Es gibt auch die begleitenden Hilfen, die das Pferd einrahmen und ihm einen Korridor zur Verfügung stellen. Das Pferd kann so **durch eine sanfte Begleitung und »Kanalisation«** in kleinsten Schritten den richtigen Weg suchen und wenn es ihn gefunden hat, bietet das Pferd ihn immer mehr von selbst an. Dieser Vorgang ist für mich **fundamental, damit das Vertrauen zum Reiter beim Pferd ständig wachsen kann**. Dies führt zu einem Prozess gegenseitiger **Einfühlung und Hingabe**, der für mich unbedingt zu einer gelungenen Versammlung gehört. Der Gedanke des Gehorsams hat bei der Bearbeitung des Körpers wenig Platz. Das bedeutet nicht, dass ein Pferd völlig undiszipliniert und respektlos sein darf.

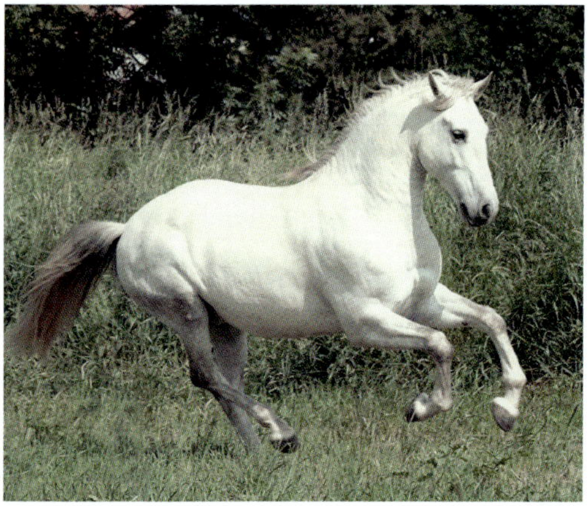

Abb. 38: Der Vergleich des freien und gerittenen, richtig versammelten Galopps zeigt deutliche Parallelen.

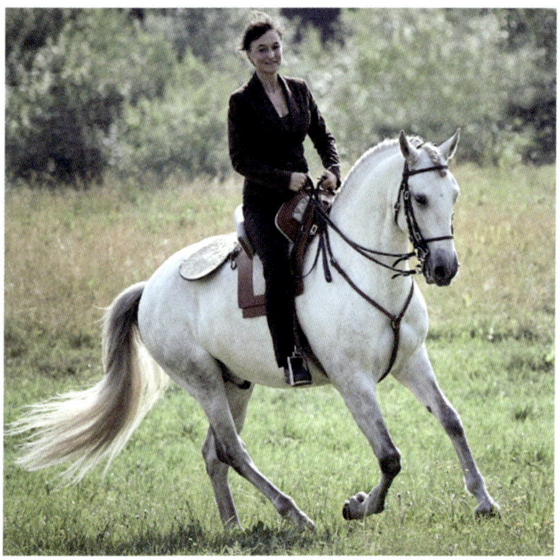

### Definition und Zusammenfassung der Aspekte von Versammlung

»Versammlung ist eine natürliche Haltungs- und Bewegungsmöglichkeit des Pferdes, die für die Nutzung als Reittier durch systematische Ausbildung für den Reiter abrufbar und über einen längeren Zeitraum mit dem Reitergewicht durchhaltbar gemacht werden muss. Das Pferd zeigt dabei ausdrucksvolle "erhabene" Bewegungen, die federnd und geschmeidig Leichtigkeit enthalten und bei voll entwickelter Balance Veränderungen in Richtung und Tempo jederzeit und unmittelbar ermöglichen. Sie ist nur dann erreicht, wenn die Schulung des Körpers sein volles natürliches Potenzial entfaltet hat und dieser nicht gewaltsam in eine unnatürliche Übertreibung der Bewegungs- und Haltungsmöglichkeiten geführt wurde.«

Sonja Weber

Eine Beziehung, die das Pferd auf respektvolle und vertrauensfördernde Art auf seinen Platz verweist, ist das Fundament. Jedoch dürfen sich Machtkämpfchen nicht mit der körperlichen Bearbeitung vermischen, obwohl sie oft an einer körperlichen Grenze entbrennen.

## Schlussfolgerung – Gesunderhaltung durch Ausbildung

Wir haben nun viel betrachtet, was für das Pferd als Tragtier von Nutzen ist, und ich möchte noch einmal betonen, dass die **gesunderhaltende Ausbildungsarbeit im Vordergrund** eines jeden

## Folgende Faktoren gehören zur Versammlung

- Versammlung ist die Entwicklung der Vertikalität.
- Erhabene Kopfhaltung mit Beizäumung, lockerem Genick und lockerem Maul.
- Aufrichtung von Hals- und Brustwirbelsäulenübergang und leichter Öffnung des Abwärtsbogens (Lordose), der zu einem verlängerten Hals führt.
- Widerrist, der angehoben und sich nach hinten in den Rücken zieht, weil sich die Dornfortsätze leicht nach hinten neigen und nicht aufgefächert sind.

Abb. 39:

- Ein eingerolltes Becken mit prominenten, beugefähigen Knie- und Sprunggelenken.
- Vertikal unter dem ISG arbeitende Hinterhand, die nicht zu weit unter den Körper oder nach hinten raus geschoben arbeitet.

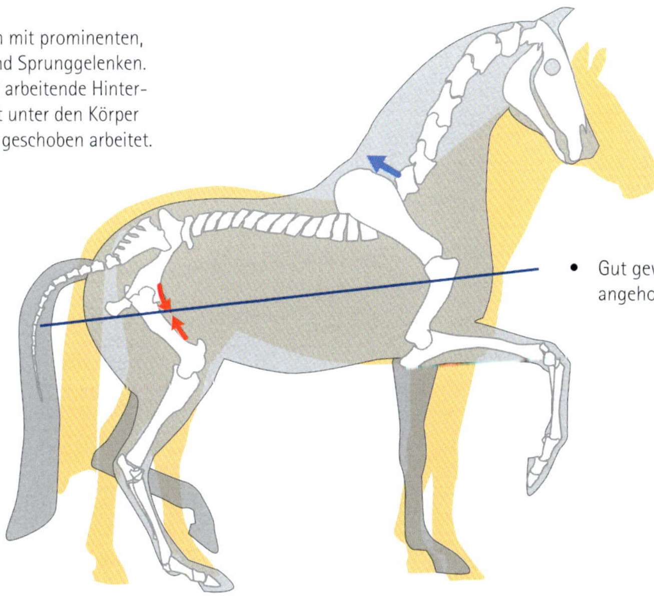

- Gut gewinkelte angehobene Buggelenke.

- Entwicklung der vertikalen Federkraft in Vor- und Hinterhand unter Nutzung der Zugkräfte durch Tensegrität.
- Insgesamt vermehrte Beweglichkeit in den »oberen« Gelenken, den Gelenken im Rumpf bei korrekten Rotationen aller Gelenke.
- Positive Diagonale in Trabbewegungen und Galopp.
- Versammlung ist unabhängig vom Gangmaß, bezieht sich auf die Körperhaltung und bildet demnach eine Basis, die die Tragfähigkeit gewährleistet; trotzdem kann man zwischen »versammelten Gängen« und »Verstärkungen« unterscheiden, bei denen die versammelte Haltung erhalten bleiben sollte.
- Innere Ausgeglichenheit – mentale Ruhe und Kraft – Zentrierung, Bewusstheit, Fokussierung zur Verfügung stellen innerer Bilder, Einfühlung, Hingabe.

- Exakt vertikal arbeitende Vorderbeine – weder zurück noch nach vorne gestemmt.
- Angehobene Brustwirbelsäule aus der heraus eine reaktive Stabilität der Wirbelsäule entsteht.
- Freie dreidimensionale Bewegungen der Wirbelsäule mit korrekten (transversalen) und eingeschränkten Rotationen.
- Die Achse der Wirbelsäule soll von vorne abwärts zumindest horizontal oder leicht nach vorne ansteigend verändert werden.
- Verkürzung des Rumpfes zwischen Buggelenk und Hüftgelenk.

Reitpferdebesitzers stehen sollte. Ich meine damit auch die **organische Gesundheit**. Es gibt viele medizinische und physiologische Erklärungen, warum die Ausbildung eines unversehrten Bewegungsapparats auch zur **»rundum Gesundheit«** führt, sie auf jeden Fall erheblich fördert. Es ist ein **ganzheitlicher Ansatz und Physis und Psyche** werden gleichermaßen angesprochen, weil das Wohlbefinden auf der einen Seite nicht ohne das Wohlbefinden auf der anderen Seite zu denken ist.

Auch Steinbrecht (S. 45/46) sah die Aufgaben des Ausbilders aus dieser Perspektive:
*»Je vollkommener der Bau des Pferdes, und je edler seine Abstammung ist, umso mehr hat es diese gewünschte Harmonie in seinen Bewegungen von Natur. Solche Pferde aber, von denen man zu sagen pflegt, dass schon der Vater ihnen die Dressur mitgegeben hat, sind sehr selten und kostbar und werden namentlich von Reitern, die der natürlichen Richtung des Pferdes huldigen, so sehr gesucht, dass sie selten in die Hände des Bereiters kommen. Dieser muss daher seine Kunst hauptsächlich auf schwache und ungünstig, ja selbst fehlerhaft gebaute Pferde verwenden, und bei diesen die* ***Dressur zu Heilgymnastik*** *erheben. Wie diese Kunst in unserer Zeit so große Anerkennung gefunden hat und in der Medizin jetzt eine so große Rolle spielt, wie man sich überzeugt hat, dass Verkrümmungen des menschlichen Körpers oder krampfhafte Zustände einzelne Glieder nicht durch eiserne Maschinen, sondern nur durch entsprechende gymnastische Übung geheilt oder vermindert werden können,* ***so kann der Bereiter bei recht klarem Verständnis seiner Kunst viele natürliche Mängel und Übelstände beim Pferde beseitigen*** *und bei solchen Fehlern und Gebrechen die Ihnen durch Missbrauch oder Unverstand frühere Reiter beigebracht sind, oft* ***wahre Wunder*** *wirken,* ***indem er sie durch entsprechende Richtung des Pferdekörpers oft gründlich zu heilen vermag, nachdem alle tierärztliche Hilfe vergebens angewendet war.«***

Dass dies möglich und wichtig ist, entspricht nicht nur meinem Wunsch, sondern in erster Linie meiner Erfahrung in den mehr als 20 Jahren meiner hauptberuflichen Praxis.
Für mich ist eine Schande, dass es heutzutage so viele Pferde gibt, die bereits als ideale Reitpferde gezüchtet wurden und dass sogar diese unter dem Einfluss der Sportreiterei Schaden nehmen. Aber die »gut gemeinte« Freizeitreiterei auf mittelmäßig begabten Pferden, bringt meist auch diverse Schäden hervor, weil diese mittelmäßig geeigneten Pferde auszubilden nicht so einfach ist und in fachmännische Betreuung mit dem richtigen Ansatz gehört.
Auch Baucher (S. 93) gibt ein Statement zum Thema Versammlung und Gesundheit: ***»Deshalb ist ein Pferd, sobald maximale Versammlung erarbeitet ist, imstande, die schwierigsten Übungen auszuführen, ohne dass ihm dies eine mühevolle Anstrengung abverlangt und ohne dass es sich körperliche Schäden zuzieht.«***

Den folgenden Aussagen von Steinbrecht (S. 48) kann ich nur beipflichten und möchte damit niemanden entmutigen, sondern vielleicht eher trösten, weil **die hingebungsvolle Arbeit ein Pferd auszubilden so viel Geduld, Frustrationstoleranz und Durchhaltevermögen benötigt**. Dies liegt in der Natur der Sache!

*»Das ist allerdings wohl für jedermann ein reizendes Schauspiel, einen geschickten Reiter sein ebenso geschicktes, mutiges Ross nach den Regeln der Kunst tummeln zu sehen. Nur wenige aber haben eine Ahnung davon, wie* ***viel Zeit, Geduld und Mühe*** *dazugehört, einem Pferde diese* ***vollkommene Ausbildung*** *zu geben.* ***Hätte die Kunst nicht ihre großen Schwierigkeiten, wir würden gute Reiter und vorzüglich gerittene Pferde in Menge haben****. Sie erfordert aber, abgesehen von allem anderen, schon Charaktereigenschaften, die sich nicht in jedem vereint finden:* ***unerschöpfliche Geduld, feste Ausdauer bei Anstrengung, Mut mit ruhiger Geistesgegenwart gepaart****. Nur eine* ***wahrhaft warme Liebe zum Pferde*** *kann diese Eigenschaften, wenn der Keim zu ihnen vorhanden ist, zu derjenigen Höhe steigern, die allein zum Ziel führt. In keiner Kunst ist das Sprichwort:* ***»Übung und Erfahrung machen den Meister«*** *mehr zu beherzigen, als in der Reitkunst. Die Natur zeigt eine solche* ***Mannigfaltigkeit in ihren Schöpfungen****, dass wir nicht unter Millionen Wesen derselben Art, ja nicht einmal unter den Blättern ein und desselben Baumes* ***zwei ganz gleiche Exemplare*** *finden. Der Bereiter kann daher* ***nur durch Erfahrung lernen, die naturgemäßen Grundregeln der Kunst auf das einzelne Pferd mit seinen Sonderheiten fein und richtig abzuwägen und geschickt anzuwenden.****«*

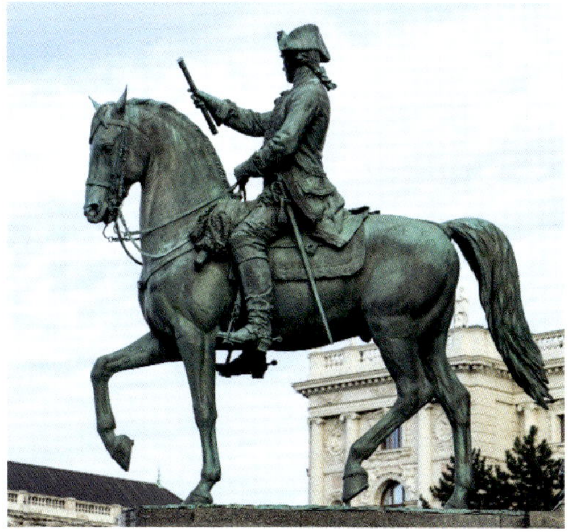

Abb. 40: Die historischen Reiterstandbilder (hier in Wien) zeigen alle wichtigen Faktoren, die zur Versammlung gehören. Selbst die Maultätigkeit ist meist zu erkennen und man sieht nie ein zugeschnürtes Maul.

Auf den nächsten beiden Doppelseiten stelle ich die Kernaussagen verschiedener Reitsysteme in Tabellenform dar und kennzeichne, welche nach modernen Erkenntnissen noch haltbar sind.

| Reitmeister | Aussagen, die haltbar sind, in schwarz; Aussagen, die nicht haltbar sind, in rot |
|---|---|
| Xenophon | Wenn man aber dem Pferd lehrt, am langen Zügel zu gehen, den Hals hoch zu tragen und vom Kopf an zu wölben, so bewirbt man, dass das Pferd das tut, woran es auch selbst seine Freude hat und womit es sich brüstet (...). Wenn man nun das Pferd in eine Haltung bringt, in die es sich selbst zur Selbstdarstellung wirft, wenn es sich am meisten in seiner Schönheit zeigen will, so wird man auf diese Weise sein Pferd als eines vorführen, das am Reiten Freude hat, prächtig und gewaltig aussieht und die Blicke auf sich zieht. |
| La Guérinière | Man sagt von einem Pferd: es lehne sich auf den Hanken, wenn es selbige unter sich senkt und biegt, indem es die Hinterfüße und Kniekehlen unter dem Bauch vorsetzt, und auf den Hanken sich ein natürliches Gleichgewicht verschafft, das der Vorhand, als dem schwächsten Theile, das Gegengewicht. |
| Seunig | - Zusammenfassung aller Kräfte für vermehrte Lastaufnahme der gebeugten untertretenden Hinterhand<br>- der Rücken erfährt eine stärkere Dehnung<br>- Strecken von Hals und Kopf nach vorwärts-aufwärts |
| Steinbrecht | - durch seine vortreibenden Hilfen die Hinterbeine veranlassen, mehr unter die Gewichtsmaße zu treten<br>- die Hand bremst die Schubkraft, dadurch beugt sich die Hinterhand<br>- zügiges Vorwärts, damit das Pferd in der freien Schwebe die Balance findet<br>- mit federnden Gelenken nach vorwärts-aufwärts abstoßende Hinterbeine. Je mehr diese dabei den Körper nach aufwärts abfedern, umso mehr Last nehmen sie vorher auf und entlasten dadurch die Vorderbeine<br>- Diese haben keine Aufwärtskraft aber eine stoßdämpfende Wirkung<br>- dass das stärkere Gewicht umso mehr auf dem Hinterteile ruhe, je weiter die Hinterfüße mit ihren Huftritten hinter denen der Vorderfüße zurückbleiben |
| Baucher | - Wahres Versammeln besteht darin, dass man die Kräfte des Pferdes in seinem Mittelpunkt konzentriert, um so ein mehr oder weniger akzentuiertes Untertreten der Hinterbeine unter die Mitte des Körpers zu ermöglichen.<br>- Versammlung ist für alle Übungen, in denen das aufwärts Moment und die Höhe der Bewegung wesentlich sind, absolut nötig, denn wenn das Pferd versammelt ist, dann überträgt sich die Beugung der Sprunggelenke mehr in einer nach oben als nach vorne gerichteten Bewegung<br>- Verteilung des Körpergewichts des Pferdes ordentlich einzurichten und seine Körperkräfte zu koordinieren |

**FN**

- Weites Untertreten führt zu vermehrter Lastaufnahme
- schwingender Rücken
- Schwung und Schubkraft
- Aufrichtung soll langsam innerhalb der Bewegungen entstehen, und wird in der Tiefe, der Dehnungshaltung, begonnen
- dazu wird das Pferd kräftig vorwärts in die Hand getrieben, die die Kräfte wieder auf die Hinterhand zurückfließen lässt
- Aufrichten der Vorhand als Folge der weit untertretenden Hinterhand und der aufgewölbten Lende

---

**Racinet**

- Versammlung als eine ganz natürliche Haltung, die das Pferd z. B. bei der Flucht einnimmt
- Selbsthaltung = Anheben des Halses und des Widerrists, Widerrist verschiebt sich nach hinten, weil die Dornfortsätze sich nach hinten neigen, Einrollen des Beckens,
- eine »Verdichtung«, ein Konzentrieren des Rahmens des Pferdes, die Hankengelenke beugen sich für Federung.
- Fortbewegungstendenz und Rückwärtsbewegungstendenz gleichzeitig für Änderung von Geschwindigkeit und Richtung in jedem Moment

Versammlung = Gleichgewicht, Versammlung ist unabhängig von der Bewegungslänge, die Haltung des Pferdes sollte in den korrekten Verstärkungen genauso beibehalten werden, wie in den verkürzten Gängen.

---

**Cornille**

Entwicklung der Zugkräfte/Tensegrität/Federkraft/Elastizität, korrekte Längsbiegung mit verringerten Rotationen für angehobene Hals/Brustwirbelsäule, die Beine müssen an ihrem Platz arbeiten; Entwicklung der vertikalen Kraft der Vorhand; die Rückenmuskeln wandeln die horizontalen Kräfte der Hinterhand in vertikale um; die vertikalen Kräfte der Hinterhand werden durch die in Langsamkeit entstehende Federkraft/Balance verstärkt; die Kräfte gehen von hinten nach vorne und von vorne nach hinten;

- Erzeugen von »positiven Diagonalen«
- Ein Pferd erhöht in der Versammlung das Gewicht auf den Hinterbeinen nicht. Stattdessen erhöht das Pferd die Länge der Zeit, die das unterstützende Hinterbein auf dem Boden ist. Das Pferd erhöht die Dauer der Abbremsphase des Hinterbeins.
- Von den Hinterbeinen geht eine horizontale und eine vertikale Kraft aus. Die Rückenmuskeln sind es, die als »Einteiler der horizontalen Kraft« in eine vertikale Kraft zu verstehen sind.
- Von den Hinterbeinen geht eine horizontale Kraft aus, die von Wirbel zu Wirbel etwas abnimmt. Von den Vorderbeinen geht eine vertikale Kraft aus, die sich mit der horizontalen Kraft zu einer Diagonalen nach vorwärts/aufwärts bündeln, was die Bewegung verlangsamt.
- Versammlung = Balance verbunden mit Aktivität in gleichem Maße.

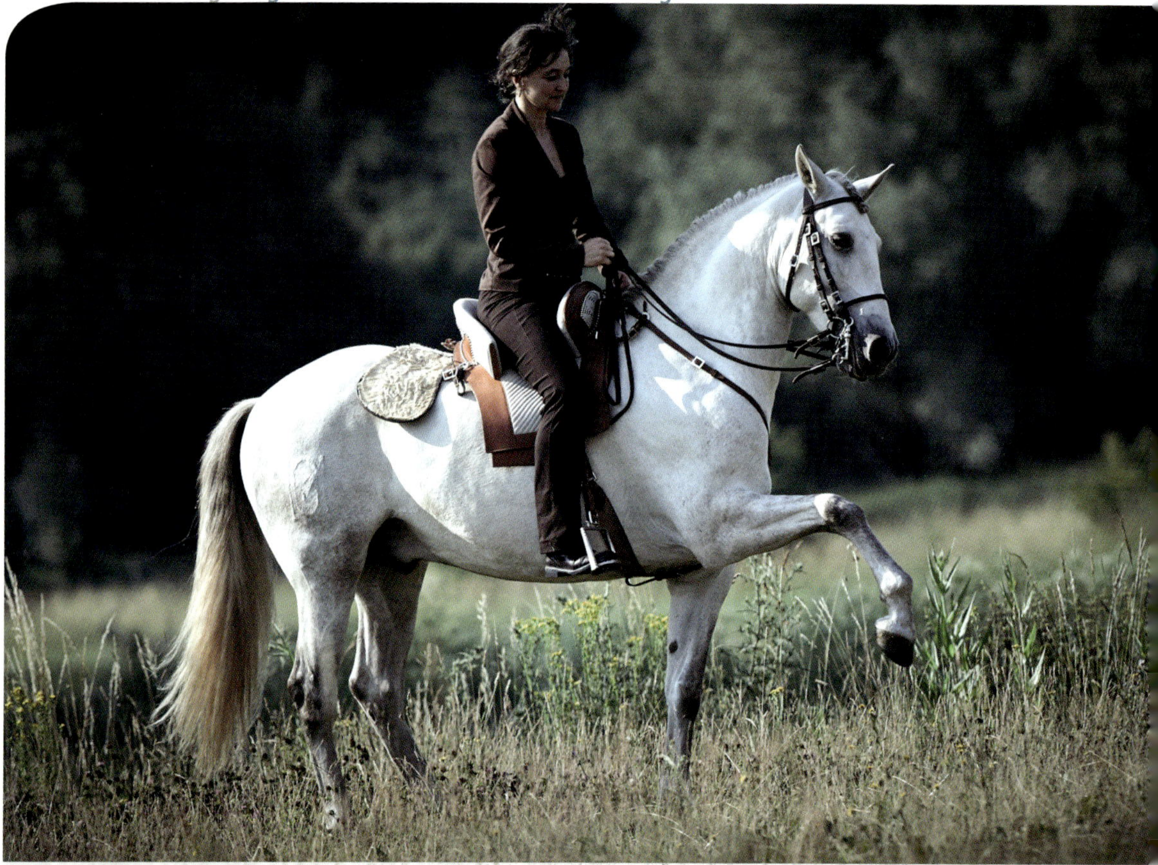

# Teil II A
# Das »Wie« der Praxis und deren Begründung

**Reiten lernt man nur durch Reiten!** Deshalb läuft man immer Gefahr, in einer »verkopften« Theorie stecken zu bleiben, wenn man sich zu sehr auf Bücher stützt. Gleichzeitig können Bücher nie alle prinzipiell möglichen Fälle beschreiben. Sie stellen eine Vereinfachung dar, können Grundkonzepte, Leitlinien, Beispiele und Übungen beschreiben. Sie können auch zu einer kritischen Auseinandersetzung mit vorhandenem Wissen anregen. Sehr hilfreich ist ein hinreichendes theoretisches Wissen, um beim Reiten genügend Verständnis für das, was man tut, zu haben und um sich voll und ganz auf die Praxis konzentrieren zu können. Leider gibt es wenig guten theoretischen Unterricht, deshalb sind Bücher eine Möglichkeit, sich theoretische Grundlagen anzueignen.

Ich schreibe hier ein Buch, **um Gedanken anzuregen, kritisches Hinterfragen zu fördern und die Aufmerksamkeit bei der Pferdeausbildung zu schärfen.**

Allerdings möchte ich **auf keinen Fall ein Kochrezept** schreiben, weil die Pferde, die Reiter und die aktuelle Situation viel zu komplex und zu unterschiedlich sind, als dass man streng nach einem Schema vorgehen könnte. Trotzdem beschreibe und zeige ich hier ein paar Übungen, damit man sich unter der Praxis – aus deren Erfahrungsschatz ich dieses Buch schreibe – etwas vorstellen kann.

Ich rate allerdings dringend dazu an, sich **einen guten Trainer zur Hilfe** zu suchen, weil es zunächst äußerst schwierig ist, die Situation des Pferdes sowie die Ausführungen der Bewegungen richtig zu beurteilen und zu interpretieren. Vielleicht kann dieses Buch **dabei helfen, Kriterien zur Auswahl des richtigen Ausbilders oder der richtigen Ausbilderin** zu finden. Mir liegt es am Herzen, dass dieser Hinweis ernst genommen wird! **Das wichtigste Kriterium für die Auswahl eines Trainers sind seine Ergebnisse.** Nicht die Schleifen und Platzierungen, sondern die gesunden und zufriedenen Pferde! **Die Pferde entscheiden!** Schauen Sie sich die eigenen Pferde des Trainers und die seiner langjährigen Kunden an. **Nur wenn sich die Arbeit am Pferd bewahrheitet und ausdrückt, ist sie gut!**

Ein guter Ausbilder führt natürlich den Reiter immer mehr in die **Handlungsfähigkeit** und regt das selbstständige Denken, Handeln und Beurteilen an. Jedoch ist es außerordentlich wichtig, sich bei einer getroffenen Wahl des Trainers ganz einlassen zu können, damit er die Chance bekommt, seine Arbeit aufzubauen.

Meine Empfehlung: Man entschließt sich aus gutem Wissen und aus einem guten Gefühl heraus für einen Ausbilder und versucht dann genau das zu tun, was er vorschlägt, ohne ein ständiges »Ja, aber« oder sonstige Einschränkungen. Anderenfalls kann der Trainer nicht helfen. **Ich brauche als Trainerin fast das bedingungslose Vertrauen und die Hingabe meiner Kunden!**

Natürlich gilt es, das Geschehen gut und kritisch zu beobachten – allerdings auch nicht zu schnell aufzugeben, wenn es schwierig wird. Besonders die Trainer, die einen Ansatz haben, der nicht dem verbreiteten Weg entspricht, bringen erst einmal Verwirrung in das Geschehen. Aber glauben Sie

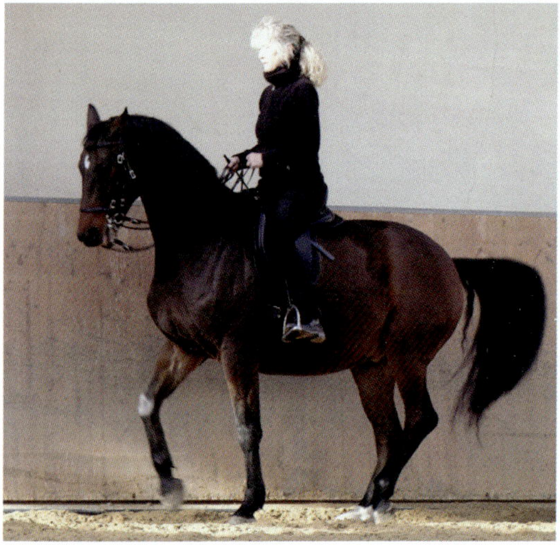

Abb. 41: Chris Mühl auf ihrem 10-jährigen deutschen Sportpferd in einer Piaffe nach zweieinhalb Jahren gemeinsamer Ausbildungsarbeit.

mir, **Verwirrung in Maßen ist ein guter Zustand, um etwas Neues zu entwickeln!**

## Die Arbeit mit dem jungen Pferd und für wen die praktischen Übungen geeignet sind

Die Arbeit mit einem jungen Pferd, das Anreiten und etwa das erste Ausbildungsjahr werde ich hier nicht behandeln können. Ich kann erneut unser Buch »Klassische Arbeit an der Hand« empfehlen. Zumindest für die das Anreiten vorbereitende Arbeit an der Hand ist es bestens geeignet. Außerdem werden dort viele wichtige Grundideen und Leitlinien über die Arbeit mit dem Pferd im Allgemeinen besprochen. Themen sind beispielsweise:

- Das Grundprinzip »equizentriert«
- Was bedeutet der Begriff »klassisch« in der Pferdeausbildung?
- Dehnungshaltung, Aktivitäts-Haltung und Pausenhaltung
- Die Energie und an den Hilfen sein
- Umgang mit Fehlern
- Assoziation schaffen durch Übertreiben
- Arbeiten in kurzen Reprisen
- Hilfszügel? Nein, danke!
- Komfortzone verlassen
- Die innere Einstellung für erfolgreiche Pferdeausbildung
- Das Hier und Jetzt
- und vieles mehr

**Die hier anschließend beschriebenen Übungen eignen sich für Pferde, die bereits Erfahrung unter dem Sattel haben und schon etwas Geduld mitbringen**, um die langsamen Übungen ohne Auseinandersetzungen ausführen zu können. **Der Reiter sollte über fortgeschrittene Fähigkeiten in der Umsetzung von Übungen** verfügen.

## Psychologische Aspekte in der Praxis

Um den Lernfortschritt für das Pferd zu erleichtern, braucht es **eine ruhige und vertrauensfördernde Atmosphäre und ein klares beständiges Verhalten**, damit das Pferd weiß, woran es ist. Das Pferd bekommt etwas gezeigt und wenn es einen Ansatz zeigt, einen Anfang in die gewünschte Richtung macht, wird es in eine kurze Pause entlassen, sodass die Arbeit in kurze **»Reprisen«** aufgeteilt wird.

Schon **Xenophon** (S. 18) forderte Belohnung bei der Ausbildung wie folgt: »*Immer wenn das Pferd eine besondere Leistung erbringt, oder*

***einen wichtigen Lernfortschritt macht,** soll es von seinem Reiter oder Ausbilder **Erleichterung** erfahren.«* Als besonders positive Verstärkung sieht Xenophon es an, wenn man in einem solchen Fall die Arbeit beendet. Das gilt bei den ersten Lektionen des jungen Pferdes und setzt sich bis zu den Anforderungen der Hohen Schule fort. (...) ***»Ja es soll Freude bei seiner Arbeit empfinden und seine Begeisterung in seiner Bewegung und seiner Haltung zum Ausdruck bringen.«***

Damit das **entwickelte Vertrauen nicht gefährdet wird**, darf man bei auftauchenden Schwierigkeiten **niemals die Geduld verlieren**.

***»Ich habe Zeit« – ich möchte diesen Ausspruch allen Reitern zurufen, die plötzlich auf Schwierigkeiten stoßen und mit ihren Pferden nicht einig werden können.«*** (Xenophon S.19)

Das Entscheidende ist herauszufinden, was die Gründe für die Schwierigkeiten sind: Sind die unterstützenden Signale und Hilfen zu unklar? Hat das Pferd nicht genügend Zeit, die neuen Bewegungen zu entdecken? Hat es körperliche Blockaden, die die Umsetzung verhindern? Erinnert sich das Pferd an eine unangenehme Situation und ist deshalb auf Abwehr eingestellt? usw.

## Physiologische Aspekte in der Praxis

Da die Arbeit in versammelnder Haltung unter dem Reiter oder auch an der Hand nur **nach und nach entwickelt werden kann**, muss auch für die körperliche Entwicklung in kleinen Schritten vorgegangen werden. Denn für die Versammlung ist die **Haltemuskulatur** ständig gefragt und diese muss in einem gewissen Rahmen an Variationen durchgängig arbeiten. Das langsame Training schützt das Pferd vor Problemen durch Ermüdung.

Schon aus diesem Zusammenhang versteht sich von selbst, dass **der Einsatz von Hilfszügeln eine Zwangsmaßnahme ist und unbedingt unterlassen werden sollte!**

Und schon Xenophon verwendete keinerlei Hilfszügel und Ausbinder bei der Arbeit und es ist mir ein Rätsel, warum in späteren Zeiten so viel Kreativität in die Entwicklung unterschiedlichster Hilfszügel gesteckt wurde. Für mich ist das nur ein Beispiel für Kulturverfall und ein Armutszeugnis für die Ausbilder, die sich offensichtlich nicht anders zu helfen wissen. Aber dieser Umstand existiert in der Geschichte auch in anderen Bereichen: Man betrachte die Qualität der Kunst bei den alten Griechen. Später im Mittelalter wurden wieder primitivste Werke geschaffen und der Fortschritt kam erst nach und nach in den Jahrhunderten zurück.

Wird das Pferd in seiner bisherigen horizontalen Haltung (Dehnungshaltung) und Bewegungsweise belassen (Runde um Runde im Leichttraben), betrifft die Arbeit eher die Bewegungsmuskulatur, bei der Beuger und Strecker abwechselnd arbeiten und die deshalb weniger schnell ermüden. Aber das Pferd wird weitestgehend in seinem alten Muster belassen. Und ohne »radikale« Unterbrechung der Muster wird trainiert und trainiert. Auf diese Art und Weise ist der Fortschritt nicht schnell oder gar nicht zu erwarten. Das

Training erfolgt ohne eine verbesserte Balance und es verbleiben die Spannungen im Pferdekörper, die durch Balance-Verlust entstanden sind. Diese Bewegungsweise begünstigt Probleme und Verschleißerscheinungen und die zahlreichen beeinträchtigten Pferde sind ein Zeugnis von der Ineffektivität dieser Ausbildung, in der das Pferd schrittweise seine Haltung in der Bewegung verändern sollte.

## Stabilität und Beweglichkeit bei Reiter und Pferd

Wir haben gesehen, dass eine gute Haltung den Anfang macht, damit Versammlung und damit Stabilität entstehen kann. Dies erfüllt bestimmte Balancebedingungen, die für gesunde Bewegungen unter der Reiter wichtig sind. Darüber hinaus brauchen wir zusätzlich eine große Gesamtbeweglichkeit, um den Körper geschmeidig zu halten oder zu machen. Dies ist eine der Grundlagen, um Versammlung in allen erdenklichen Lagen umsetzen und erhalten zu können. Ich werde Übungen beschreiben, die teilweise recht extrem sind und sehr vorsichtig und korrekt ausgeführt werden müssen, damit der starke Effekt, den sie erzielen können, nicht in negative Auswirkungen umschlägt.

Besonders Baucher hat sich um die Beweglichkeit der Pferde bemüht und heutzutage untermauern unter anderem wichtige Erkenntnisse aus der Neuroatlethik sein Konzept. Nehmen wir den **Neuroatlethen Patrick Meinart**, der folgende Allgemeinplätze zum Training vertritt:
Geht es um **Beweglichkeit**, soll der **Bewegungsradius zeitweise voll ausgeschöpft werden**. Dadurch werden die Rezeptoren, die über die Nerven Informationen ans Gehirn leiten, besser angesprochen. Man nennt dies **sensomotorisches Training**. Das Gehirn kann die Informationen neuer Abläufe besonders gut verarbeiten, wenn die **sensorischen Rückmeldungen deutlich sind**.
**Variationen** der Bewegungen sind für diesen Prozess ebenfalls wichtig. So kann eine gute **Koordination** später für gute und auch schnelle Bewegungen sorgen und **das Verletzungsrisiko wird erheblich vermindert**. Dies resultiert nicht nur aus der größeren Geschmeidigkeit der körperlichen Strukturen, sondern auch daraus, dass **dem Gehirn größere Bewegungsbereiche bekannt sind**. Es kann koordinierter auf extremere Bewegungen, z.B. beim Treten auf einen Ast und der damit verbundenen abweichenden Bewegung von der Norm, reagieren und so können Verletzungen extrem minimiert werden. Dies entspricht voll und ganz meiner Erfahrung, bei der sich **gut ausgebildete Pferde selten bis nie verletzen**, obwohl sie alle regelmäßig Koppelgang haben, ins Gelände gehen, frei Laufen – oder bei was sie sich sonst verletzen könnten.

Zurück zur Neuroatlethik: Damit die gesamte Bewegung geschickt, harmonisch und gut koordiniert ablaufen kann, benötigt der Körper **Stabilität**. Diese muss vor allem vom Rumpf und damit von der Organisation der **Muskulatur nahe der Wirbelsäule** ausgehen. **Kraft kann erst effizient auf die Extremitäten und die beteiligten Muskel- und Faszienketten über-**

**tragen werden, wenn die Rumpfmuskulatur stabil genug ist.** Das darf natürlich nicht in eine zu statische Situation führen, sondern in eine **reaktive oder dynamische Stabilität**. Ist diese vorhanden, hat der Körper die nötige Sicherheit, größere Bewegungen z.B. der Hüfte zuzulassen. **Der Organismus muss sich nicht schützen, indem er eine Art »Sicherheitsspannung« aufbaut**, damit er nicht aus der Balance kommt. **Balance ist demnach mit dieser reaktiven Stabilität verbunden und ermöglicht geschmeidige und harmonische Bewegungen bei hoher Beweglichkeit.**

**Diese Grundannahmen über Stabilität und Beweglichkeit gelten für Reiter und könnten auf das Pferd übertragbar sein. Sie bestätigen die Ideen zu Haltung als Ausgangsbasis der daraus entwickelten Bewegung** sowie eines gut aufgebauten und in sinnvollen Abfolgen gestalteten Trainings, wie ich es später beschreibe.

## Der Einfluss des Reiters

Ich möchte hier keine großen Ausführungen über die Sitzschulung des Reiters machen. Es gibt viele Werke und Ansätze, die ausführliche Anleitung geben können, und ich rate dringend dazu, sich damit zu beschäftigen. **Mein Schwerpunkt ist hier bei den praktischen Übungen mehr auf das Pferd gerichtet.** Trotzdem muss ich in aller Deutlichkeit sagen, dass nur ein **relativ blockadefreier Reiter, der symmetrisch und ausbalanciert auf das Pferd einwirken kann**, das Pferd auch wirklich unterstützt. Alle Probleme, die der Reiter mit sich bringt, übertragen sich auf das Pferd. **Deshalb sind die Körperwahrnehmung und Körperschulung für den Reiter fundamental wichtig!**

Da die **Einwirkung des Sitzes auf die Balance des Pferdes eine große Rolle spielt**, ist es wichtig, dass man absolut gerade und aufgerichtet auf dem Pferd sitzt und aus dieser mittleren Position heraus – je nach Situation – Veränderung erzeugt, die sich auf das Pferd auswirken. Auch für den Reiter gilt, eine **reaktive Stabilität** in seinem Rumpf zu haben. Er muss gleichermaßen **stabil, durchlässig und beweglich** sein, damit er das Pferd nicht nur »nicht stört«, sondern es sogar **unterstützen** kann. Auch muss er ein Gespür dafür entwickeln, welche Schiefe oder Veränderungen der Balance von seinem eigenen Körper ausgehen oder welche Asymmetrien vom Pferd kommen.

Abb. 42: Die Drehung des Reiterkörpers stellt eine wichtige Sitzhilfe dar.

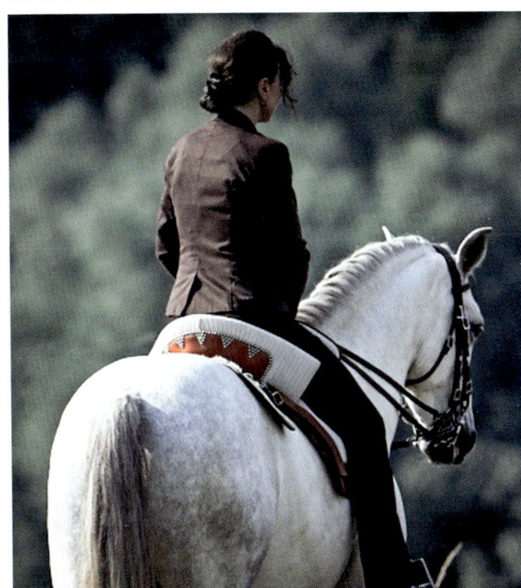

Beispiele: Setzt das Pferd den Reiter vermehrt auf eine Seite oder hat der Reiter die Tendenz, schief zu sitzen? Klemmt das Pferd aufgrund von Blockaden oder ist es der Reiter, der das Pferd ungewollt ausbremst?
Wir werden nun einen Blick darauf werfen, welche Kriterien für die Ausführungen der Übungen Gewicht haben.

## Hilfengebung – eine Auswahl zentraler Aspekte

### Balance, Aufnehmen und Tempokontrolle – wichtige Beispiele für die Einwirkung mit dem Sitz

Um Balance und Haltung herzustellen, benötigen Sie eine unterstützende **Einwirkung mit dem Sitz**: Richten Sie das Becken aus einer gut ausbalancierten Grundposition heraus auf, um das Pferd in der Bewegung aufzurichten oder um es aufgerichtet zu bremsen. **Entwickeln Sie aus Ihrem eigenen Rumpf heraus eine Art »Zugkraft«, mit der das Pferd nach vorn/oben mitkommt.** Nur anfangs sollte die Hand eingesetzt werden, bis das Pferd auf den Sitz abgestimmt ist und so viel Balance entwickelt hat, dass es diesem Zug nach oben/hinten folgen kann.
Bei dieser **Art der Tempokontrolle und des Aufnehmens – der Ausübung der Zugkraft** – entsteht durch das Aufrichten seines Beckens eine leichte Verschiebung des Rumpfes des Pferdes über den Beinen nach hinten, bis die Vorhand in der Vertikalen ist. Die meisten Pferde schieben zunächst beim Angehen ihren Rumpf über die Vorderbeine, sofern sie nicht bereits im Stand über die Vorderbeine geschoben waren. Was die Hinterhand betrifft gibt es Abweichung von der Vertikalen sowohl nach vorn, als auch nach hinten. Beides ist gleichermaßen ungünstig. Hängt der Reiter zu weit hinten fast hinter den Sitzbeinhöckern, als würde er sich am Hinterzwiesel anlehnen, stellen die Pferde die Hinterbeine gern nach hinten raus.
Auf keinen Fall sollte es eine rhythmisch-schiebende Aktivität des Sitzes geben, weil sie das Pferd erheblich stört und das sensible Zusammenspiel zwischen Reiter und Pferd verhindert. Die hierfür angewendete Kraft wirkt nur unnötig anspannend oder abstumpfend auf das Pferd.

Gelingt die Versammlung in zunehmendem Maße, erhält der Reiter ein immer bequemeres und ruhigeres Sitzgefühl. **Die natürliche Links-/Rechts-Rotation der Dornfortsätze wird durch die erhöhte Stabilität, die durch das Anheben der Brustwirbelsäule entsteht, geringer. Dadurch wird das Sitzgefühl gleichmäßiger.** Überhaupt sollte Sie das Pferd gut in der Mitte sitzen lassen. Demnach müssen die beiden Sitzbeinknochen gleichbleibend in der Mitte sein, wenn Sie ganz in der Senkrechten sitzen. Hat das Pferd ein Problem mit den Rotationen, kann ein Sitzbeinhöcker nach innen oder nach außen rutschen.

## Locker herabhängende Schenkel als Ausgangsbasis

Die Beine des Reiters hängen aus einem weiten offenen Sitz locker herab. An keiner Stelle sollten sie angepresst sein. Sie sollten in weichem Kontakt zum Pferd sein, sodass eine Kanalisation des Pferdekörpers entstehen kann.

Auf keinen Fall sollten ständig klopfende oder pressende kräftige Schenkelhilfen erfolgen, die rhythmisch, ohne einen Dialog mit dem Pferd gegeben werden. Dies ist jedoch sehr weit verbreitet.

Die Schenkelhilfen sollten genau wie alle anderen einfühlsam und dialoghaft erfolgen. Die Oberschenkel können unterstützend zu den Rumpf-Drehungen die Schultern des Pferdes ausrichten. Die Unterschenkel bis zu den Fersen können die Hinterbeine einrahmen und auf diese einwirken. Ein besonders feinfühliges und nervöses Pferd braucht eine sanfte gleichmäßige Verbindung, während ein sehr stumpfes, träges Pferd unter Umständen auch mal impulsartige Hilfen braucht, um aufzuwachen. Die sanft anliegenden Schenkel beruhigen das Pferd. Die Kommunikation sollte langfristig so aufgebaut werden, dass das Pferd mit leisestem Druck zu etwas aufgefordert werden kann. Das gilt für die vortreibenden Hilfen genauso wie für die einseitigen Schenkelhilfen, z.B. bei den seitwärtsreibenden Hilfen.

Wird mit zu viel Kraft am Bein eingewirkt, so versteift sich die Hüfte des Reiters. Dies wirkt störend auf das Pferd, weil die Geschmeidigkeit im Sitz darunter leidet. Der Schenkel wird so eingesetzt, dass die Geschmeidigkeit in Becken und Lende des Reiters nicht beeinträchtigt wird.

Das Pferd wird **in der Anfangsphase mit den Beinen »umarmt« und bekommt so einen Korridor**, in dem es sich ausprobieren kann, der immer geringer wird, wenn das Pferd ihn nicht mehr braucht.

Diese Herangehensweise hat nichts mit »Dauertreiben« oder »in die Hand treiben« zu tun. Kommt es mit dem Bein zu einer **treibenden Hilfe, lässt die Hand den Druck nach**, um die Tür nach vorne aufzumachen und nicht zu komprimieren. Es entsteht **kein Spannungsbogen** im Pferd, sondern **freie Balance** für die Entstehung der Vertikalität.

## Die Hände dürfen in sinnvolle Richtungen bewegt werden

Die normale Ausgangsbasis für die Bewegung der Hände ist ein senkrecht herabhängender Oberarm, ein nahezu waagerecht getragener Unterarm und ein ausgestrecktes, aber lockeres Handgelenk. Die Hände sind aufgestellt und oben mit den Daumen leicht nach außen gedreht, so dass die Fingernägel für den Reiter selbst sichtbar werden. Die Stabilität auf dem Zügel erfolgt falls nötig durch den Daumen, der den Zügel auf dem Zeigefinger fixiert, während der Zügel (oder auch die Zügel beim Reiten auf Kandare und Unterlegtrense) in den Fingern ganz locker gehalten werden. Die Faust sollte in der Ausgangshaltung leicht geöffnet sein, damit keine Starrheit entsteht.

Die Arme können in verschiedene Richtung bewegt werden, je nachdem, in welche Richtung auf das Maul eingewirkt werden soll (s. Abb. 43). Aus der Ausgangsbasis heraus kann der Arm beispielsweise mehr oder weniger weit **geöffnet**, also vom Pferd seitlich entfernt werden. Die Ellbogenspitze zeigt dabei weiterhin Richtung Körper. Hiermit kann das Pferd in seitlicher Richtung beeinflusst werden. Das bedeutet: je weiter der Arm beispielsweise nach rechts gebracht wird,

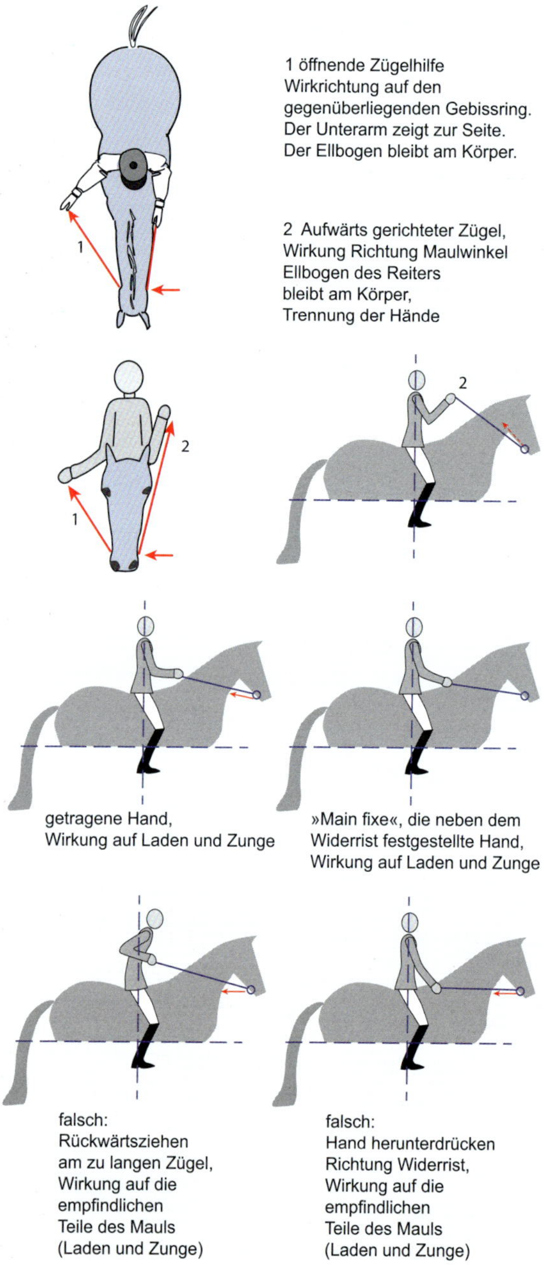


Abb. 43:
Die Einwirkung mit der Hand.

desto mehr kommt die Einwirkung auf den linken Gebissring, das Pferd wird also seitlich von außen herübergedrückt.

Für die Aufwärtseinwirkung mit den Händen soll das Pferd in den unempfindlichen Mundwinkeln beeinflusst werden. Dazu wird der Unterarm angehoben. Eventuell werden beide Hände etwas weiter voneinander getrennt als die Ellbogen, um dem Pferd seitliche Stabilität zu geben. Hier entsteht ein Kanal für die Vorhand und die Halsbasis kann so exakt in der Mitte gehalten werden.

Der Oberarm sollte nicht hinter den Körper geraten, damit keine Rückwärtseinwirkung entsteht. **Bei den Händen ist besondere Einfühlung** wichtig: Der Reiter fühlt sich mit seiner Hilfe vorsichtig an das Maul heran, löst eine Flexion des Kiefers aus und gibt dann die Anweisung, die er gerade benötigt.

Je nach Ausbildungsstand und Aufgabenstellung kann die Reiterhand einfach nur das Pferd begleiten und je weiter das Pferd fortgeschritten ist umso lockerer geführt werden. Der Zügel darf dabei durchhängen. Die Idee einer ziehenden Anlehnung lehne ich vollkommen ab, weil sie mit der **lockeren Maultätigkeit, bei der das Pferd das Gebiss mit der Zunge anhebt und wieder fallen lässt**, wie sie von Baucher empfohlen wird, nicht zu vereinen ist.

In einer bestimmten Phase der Ausbildung kann das Pferd durch die **»fixierende Hand«** (»main fixe«) unterstützt werden. Diese löst gleichermaßen eine Flexion aus, **verleiht ihm Stabilität** und erleichtert ihm, sich sinnvoll in eine **zweckmäßige Haltung im gesamten Körper zu organi-**

sieren. Dabei **darf die Hand nicht ziehen, sondern nur festgestellt werden**. Insgesamt sollte es zur Verfeinerung der Zügelhilfen kommen. Hier gilt: **vom begleitenden, unterstützenden zum losen Zügel bei voller Selbsthaltung.**

## Bewegungsqualität und Balance durch Langsamkeit

Erkenntnisse aus der **Neuroathletik helfen bei der Orientierung, wie die Ausbildungsarbeit gestaltet werden sollte**. Wir möchten dem Reitpferd **neue Bewegungsmuster** nahelegen und damit sprechen wir das Gehirn an. Das Gehirn hat die Fähigkeit, sich selbst zu verändern und ist damit sehr anpassungsfähig an neue Anforderungen. Diese Fähigkeit nennt man **Neuroplastizität**. Sie ist auch für die **Koordination** verantwortlich. Es entstehen **»Landkarten«** von Abläufen im Gehirn, und **es gibt Trainingsweisen, die diese Bildung erheblich unterstützen**. Dazu gehört, dass **eine neue Bewegung sehr langsam erarbeitet** und ausgeführt werden sollte. Diese langsamen Bewegungen gewährleisten, dass sich eine **gute Qualität der Bewegung** entwickeln und etablieren kann. Schlechte Bewegungen sollten möglichst vermieden werden. Deshalb sollte man abbrechen, wenn das Pferd ins »alte Muster fällt« und neu beginnen. **Die Langsamkeit fördert die Koordination und damit auch die Neuroplastizität** (s. Abb. 44).

Es ist erstaunlich, wie sehr die Vorgehensweise von Baucher diesen modernen Erkenntnissen entspricht. Er stellt zunächst die richtige Haltung des Pferdes her, die mit einer Stabilität im Rumpf einhergeht. Besonders die angehobene Brustwirbelsäule schafft die Voraussetzungen für ausbalancierte Bewegungen unter dem Sattel. Die Qualität einer Bewegung wird durch ihre Haltung bestimmt. Aus meiner Erfahrung heraus kann ich den Worten von Baucher (S. 116) nur zustimmen:
(siehe nächste Seite)

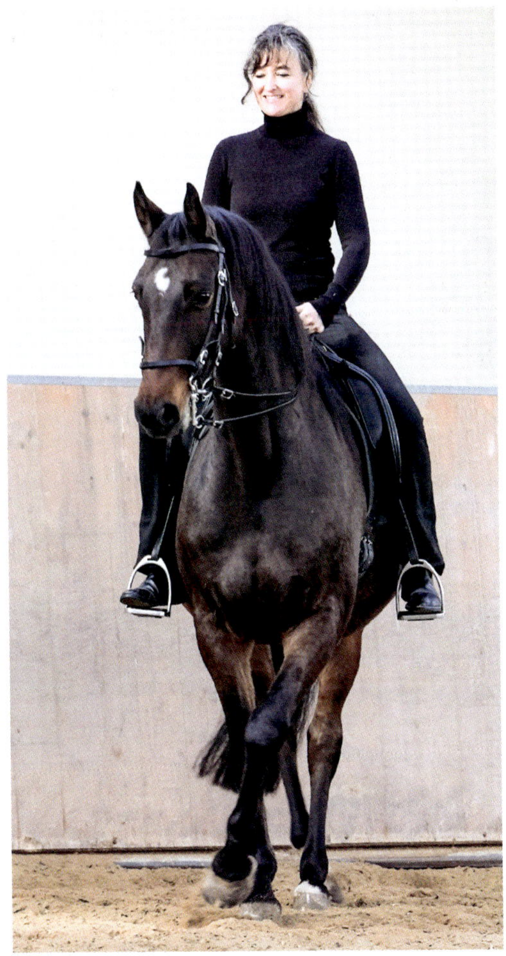

Abb. 44: 10-jähriges deutsches Sportpferd in langsamer, erhabener Schrittarbeit.

### Zitat Baucher

»Die alte Reitweise bestand darin, die Bewegungsfähigkeit und die Beweglichkeit des Pferdes dadurch zu erarbeiten, dass man es dazu aufforderte, Übungen in der Bewegung auszuführen. Dazu katalysierte die alte Schule die instinktiven Kraftverwendungen des Pferdes, was nur unzulänglich, in mehr oder weniger richtiger Weise, möglich ist. Die alte Reitweise ist niemals imstande gewesen, ein schlecht gebautes Pferd leicht und beweglich zu machen, denn ihr waren die Mittel, mit welchen man das naturgegebene Gleichgewicht solcher Pferde ändert, unbekannt.«

Ich habe selbst etliche Pferde ausgebildet, die nicht gerade geborene Reitpferde waren und meist bereits erhebliche Schwierigkeiten durch »ungünstige« oder einfach mangelnde Ausbildung mitgebracht hatten. Mit Bauchers Grundannahmen wurden diese Pferde zufriedene Reitpferde. Schade, dass man in Deutschland genau die umgekehrte Situation antrifft – gut gebaute Pferde, die trotzdem Probleme haben, weil die Reiterei den Körper nicht sinnvoll schult.

## Der Schritt – die Gangart des Lernens

**Die Wirbelsäule des Pferdes kann horizontale, vertikale und rotierende Bewegungen ausführen** und meist findet eine Kombination statt. **Der Schritt enthält alle drei dieser Bewegungen ausgeprägt und gut verteilt und eignet sich auch deshalb besonders gut, um das Pferd in einer guten Rücken-Tätigkeit zu schulen. Im »gezählten Schritt«, der bei hoher Aufrichtung und niedriger Frequenz – Schritt für Schritt** – geschieht, wird der Widerrist angehoben. Die Stützphasen der Beine im Schritt sind häufig und lang. Im Schritt ist immer ein Bein am Boden, manchmal zwei oder drei Beine gleichzeitig. **Dadurch wird der Schritt zur Übungsgangart, um die Brustwirbelsäule aus dem Vorderbein in der Vertikalen hochzudrücken** (Abb. 45).

Das Pferd hat im Schritt die geringste Muskelspannung und kann dadurch lernen, sich loszulassen und auszubalancieren.

Selbst Steinbrecht (S. 81-82) verweist bei der Arbeit von steifen Pferden auf den Schritt und den langsamen Trab.

Der ehemalige Leiter der spanischen Reitschule in Wien, **Brigadier Kurt Albrecht**, verweist in seinem Buch »Reiterwissen« (Seite 141/142) auf die Verwendung des Schritts:

*»Weil der verkürzte Schritt (man kann ihn ruhig weiter als 'versammelten' bezeichnen)* ***die Grundlage für Anforderung der der Grundausbildung folgenden Ausbildungsstufe ist, ist seine Einbeziehung in das Ausbildungsprogramm außerordentlich wichtig.***

*Ausgehend vom Normalschritt (Mittelschritt), den sich ein Pferd ganz automatisch wählt, wenn der Reiter korrekt im Schwerpunkt sitzt,*

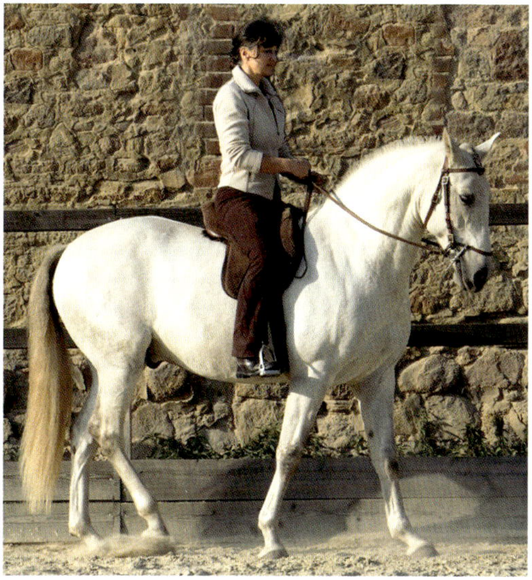

Abb. 45: In der langsamen Schrittarbeit kann die Rumpfträgermuskulatur gut trainiert werden: Die Dreibeinstütze im Schritt erlaubt lange Phasen, in denen das Pferd den Rumpf hochdrücken kann.

*wird dem Pferd nur durch ein noch extremeres Aufrichten des Reiteroberkörpers zugleich mit einem etwas rascheren füllen lassen der Sitzknochen der Reiterwunsch nach* ***Verkürzung der Schrittlänge*** *avisiert.«*

Der Schritt ist extrem anfällig für Taktstörungen. Jede ungünstige Einwirkung des Reiters, jede Verspannung wird sich in Taktstörungen ausdrücken. Treiben und Gegenhalten führt zu Pass. Im Umkehrschluss kann man daher sagen, dass ein gleichmäßiger langsamer Schritt bereits einen extremen Ausbildungsfortschritt darstellt. **Kann das Pferd alle erdenklichen Übungen im langsamen Schritt taktrein ausführen, ist es bereits gut durchgymnastiziert, geradegerichtet und versammelt!**

Die Schrittarbeit sollte zu Beginn dieser Versammlungsausbildung die Haupttrainingszeit ausfüllen. Bei gravierenden Problemen sollte das Pferd zunächst nur im Schritt gearbeitet werden. Diese Phase kann manchmal mehrere Wochen bis mehrere Monate anhalten. Dem Übermut des Pferdes sollte in dieser Phase durch Koppelgang, Frei-laufen-Lassen oder Longieren begegnet werden.

## Der Umgang mit der natürlichen Schiefe des Pferdes

Die natürliche Schiefe ist ein komplexes Thema, das hier zu bearbeiten leider den Rahmen sprengt. Einige Ausführungen finden Sie in unserem Buch »Klassische Arbeit an der Hand«. Insgesamt lässt sich sagen, dass die Arbeit am erfolgreichsten ist, wenn Sie alle Übungen an die natürliche Schiefe des Pferdes anpassen. Beispielsweise sollte auf der instabilen Hand Stabilität gefördert werden und auf der steifen, wenig geschmeidigen Hand die Beweglichkeit. Auch sollten die Übungen vermehrt stattfinden, die dem Pferd schwerer fallen. Dabei sollte aber immer mit der Hand abgewechselt werden, auf der es besser klappt, um immer wieder eine Erleichterung zu schaffen. Hat das Pferd auf einer Hand falsche Rotationen, müssen diese gründlich korrigiert werden.

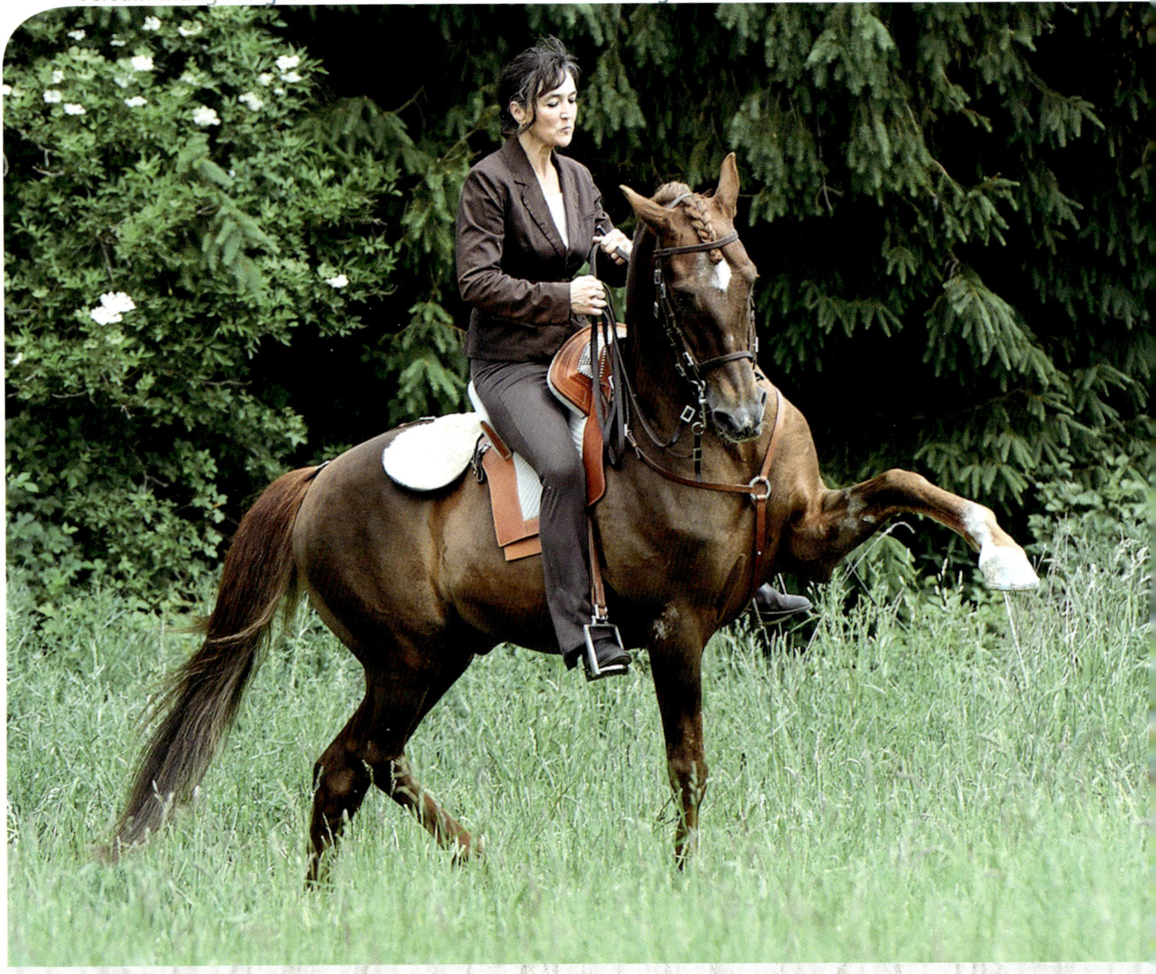

# Teil II B
# Die praktischen Übungen

## Übung 1. Stehen, Haltung erzeugen, Maul mobilisieren und anreiten

Sie werden sich vielleicht wundern, dass die Praxis mit einer so »profanen« Übung wie Stehen beginnt. Aber hier entsteht die Qualität, mit der alles beginnt.

Das Pferd soll gelernt haben, ruhig zu stehen. Viele Pferde schieben ihren Rumpf über die Schultern, was Sie daran erkennen, dass die Vorderbeine rückständig stehen. Bringen Sie das Pferd vorsichtig mit den angehobenen Händen und dem Sitz dazu, seinen Rumpf leicht zurückzunehmen, sodass es die Vorderbeine vertikal stellt und vorne etwas höher kommt. Die Einwirkung mit den getrennt geführten Händen, soll in die Mundwinkel des Pferdes gehen. Hier ist das Pferd recht unempfindlich. Es sollte dabei zu Beginn das Maul öffnen und mit Kauen reagieren. **Deshalb darf das Maul niemals mit einem Nasenriemen zugeschnürt werden.** In diesem Moment lässt die Einwirkung sofort nach. Falls sich das Pferd dabei wieder senkt, halten Sie es mit leichten Vibrationen davon ab, bis es ein wenig von selbst in dieser Haltung bleibt. **Der Idealzustand ist mit angehobener Halsbasis, angehobenem Widerrist, kauend und leicht in der Hand.**

Wenn das Pferd die Halsbasis nicht mit anhebt und der Hals-/Brustwirbelsäulenübergang nicht höher kommt, sonder gestaucht wird, hat das Pferd neue Probleme. Lassen Sie sich von einem erfahrenen Trainer unterstützen.

Sie können das Aufrichten des Pferdes durch leichtes Touchieren mit der Gerte in der Lendengegend unterstützen. Dabei kommt das Pferd in eine »aktive« Haltung. Gehen Sie bitte sehr **vorsichtig** vor, das Pferd sollte sich beim ganzen Vorgang des Positionierens nicht aufregen und in Stress geraten. Wie hoch es sich heben kann, hängt von seinem Zustand ab. Manchmal braucht es eine Weile, bis es überhaupt etwas höher kommt.

Verweilt das Pferd nun einen kurzen Moment in dieser Haltung, so dass Sie die Zügel lockerlassen können, treiben Sie das Pferd vorsichtig mit beiden Schenkeln vorwärts, so dass es **direkt als Ganzes angeht**. Das bedeutet: Sie beobachten, dass es vorne mit losgeht, anstatt sich mit dem Rumpf wieder über die Vorderbeine zu schieben. Das Pferd lernt, von hinten heraus anzugehen und sich nicht auf das Gebiss zu stutzen. Dieser Vorgang kann mit der Gerte unterstützt und an der Hand vorbereitet werden. Dabei heben Sie den Kopf des Pferdes vorsichtig an, bis es sich nicht mehr auf die Hand stützt, lassen es kauen und mit Hilfe der Gerte (am Oberschenkel oder nur in der Luft neben dran) angehen. Das Ziel ist, dass sich das Pferd beim Angehen nicht wieder über die Schultern schiebt und auf den Zügel stützt, genau wie beim Reiten (siehe Abb. 46, Seite 68).

Um das Pferd erneut anzuhalten, richten Sie Ihr Becken auf, ohne dass Sie sich dabei versteifen, und stellen Sie sich vor, Sie könnten das Pferd mit Ihrem Rumpf vorne anheben und bremsen – mit nach oben ziehen. Reagiert das Pferd noch nicht auf diese Hilfe, nehmen Sie die Hände vorsichtig hoch, auseinander und bremsen das Pferd durch sanfte vibrierende Einwirkung.

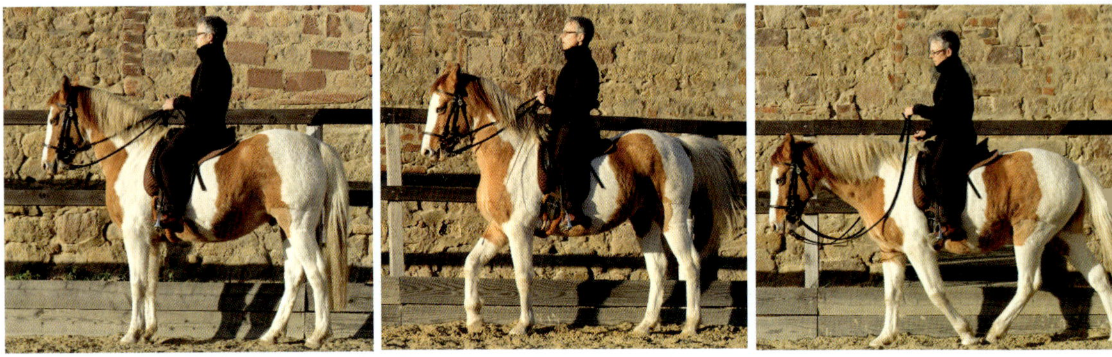

Abb. 46, Übung 1: Steffi Zinn auf ihrem 19-jährigen Criollo/Vollblut-Mix zeigt die unterschiedliche Widerristhöhe in Versammlung und Dehnung (gut im Verhältnis zur Zaunplanke im Hintergrund zu erkennen). Links: Stehen in Aufrichtung – Widerrist am unteren Rand der Planke. Mitte: Angehen in Aufrichtung, der Widerrist kommt durch das Hochdrücken aus dem Vorderbein höher. Rechts: Angehen in Dehnungshaltung: der Widerrist sackt ab.

In diesem Verfahren liegen nun drei wichtige Grundsätze:

1. **Entspannung vor Kraft**, weil das Pferd erst in Maul und Genick nachgibt, bevor es etwas ausführen soll.
2. **Haltung vor Bewegung**, weil das Pferd erst aufgerichtet und damit ausbalanciert wird, bevor es los geht.
3. **Schenkel ohne Hand und Hand ohne Schenkel**, weil Sie vorne nachgeben, wenn Sie das Pferd treiben und nicht treiben, wenn Sie das Pferd stoppen.

Stellen Sie sich das Geschehen gut bildhaft vor. Je nach Verfassung des Pferdes, kann schon dieser Vorgang erhebliche Schwierigkeiten bereiten und Sie brauchen Geduld. Diese Details sind sehr wichtig, damit eine Grundlage entsteht, auf die alles aufgebaut werden kann. Beobachten Sie das Pferd genau, es soll sich wohlfühlen und **neugierig ausprobieren**.

Eine wichtige Begleiterscheinung dieser Übung ist die Einführung der **»Tempo-Kontrolle«** des Pferdes über die **Balanceverschiebungen und das Entwickeln der Zugkraft aus dem Sitz. Sie »ziehen« das Pferd durch Aufrichten Ihres Beckens mit nach oben.**

Haben Sie das Angehen und Anhalten gut hinbekommen, bewegen Sie das Pferd in einem sehr langsamen, dem **»gezählten Schritt«**. Jedes Bein hat seine eigene Phase. Sie spüren **deutliche Akzente im Pferdekörper**, da sich Schultern und Becken stärker bewegen. Man kann diesen Schritt auch **»Tropfenschritt«** nennen. Jeder Schritt ist ein einzelner Tropfen, den Sie aus einer Tube langsam herausdrücken. Das Pferd bewegt sich in Zeitlupe und lernt sich auszubalancieren.

Ein Ziel ist das Pferd in jedem Moment, bei jedem Schritt anhalten zu können, ohne dass es sich auf die Hand legt.

**Lassen Sie das Pferd zunächst nur maximal vier Schritte gehen.** Stoppen Sie es wieder, stellen Sie alles her und gehen Sie wieder nur vier Schritte an. Hat das Pferd das gut bewältigt, machen Sie eine Pause am hingegebenen Zügel.

Hat das Pferd große Schwierigkeiten mit seiner Geduld (was meist auf körperliche Schwierigkei-

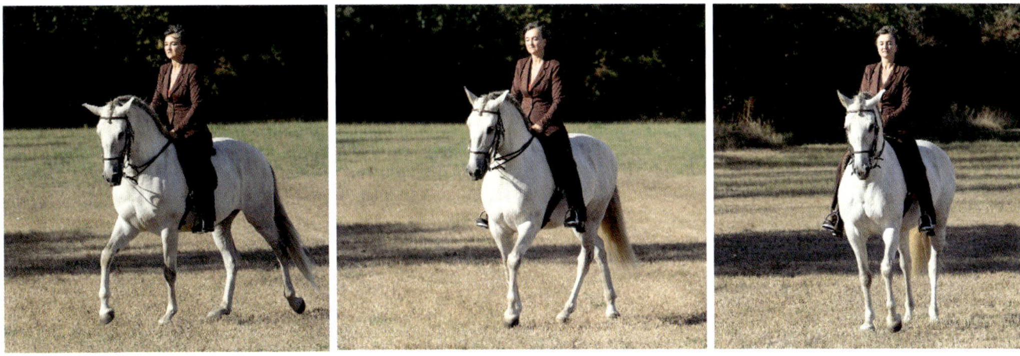

Abb. 47, Übung 2: 90-Grad-Wendung: Links: Anheben der äußeren Schulter, Mitte: Das innere Hinterbein fußt mittig unter den Körper, was eine positive Beckenrotation zur Folge hat. Rechts: Die Aufrichtung ist nach der Wendung verbessert.

ten hinweist), verlangen Sie noch deutlich weniger, vielleicht nur einen Ansatz von all dem, und entlassen es immer wieder in eine Pause.
**Es geht bei dieser Arbeit nicht um Gehorsam, sondern um das Erlernen eines neuen zunächst »schwierigen« Bewegungsmusters. Die Hilfen sind als Angebot zu verstehen und das Pferd kann sich vorsichtig ausprobieren.** Dies gilt für alle nachfolgenden Übungen. (Zur Sitz-Hilfe mit dem aufgerichteten Becken für das Anhalten oder Bremsen des Pferdes, siehe S. 60ff.)

Verspannt sich das Pferd während der Schrittarbeit, können Sie versuchen, mit der Hand durch feinfühlige Einwirkung die Maultätigkeit auszulösen. Lässt das Pferd die Nachgiebigkeit im Maul nicht leicht zu oder sich gar durch die Hand-Einwirkung stören, können Sie aufkommende Versteifung gut durch die 90-Grad-Wendungen (Übung 2) auflösen. Diese entspannen das Pferd im Maul - das Pferd beginnt von alleine mit dem Kauen. Das **tätige Kauen ist der Idealzustand** und zeigt auf, dass sich die Muskulatur nahe der Wirbelsäule entspannt. **Es besteht eine Wechselwirkung: Die Maul-Aktivität führt zu Entspannung der Rückenmuskeln und umgekehrt.**

## Übung 2. 90-Grad-Wendungen und Ecken

Haben Sie das Pferd durch Übung 1. gut gerade und zwischen den Hilfen, können Sie mit dem Durchreiten der Ecken sowie 90-Grad-Wendungen ohne Ecke beginnen. Dies führt zu einer wichtigen Grundlage der Ausbildung zur **»Schulter-Kontrolle«**, also der seitlichen Beeinflussung des Pferdes, und das Pferd lernt, **sich vorne anzuheben, ohne sich zu verspannen**.
Reiten Sie keinen Bogen, sondern eine **Kante**. Sie führen das Pferd tief in eine Ecke, bis der Kopf knapp vor der neuen Wand ist. Wenden Sie es durch Ihre Oberkörperdrehung, die bis in Ihre Knie reicht. Die seitwärts-weisende Lenkhilfe mit den Zügeln ergibt sich beim Drehen von alleine. Der innere Zügel geht etwas vom Pferd weg und der äußere an den Halsansatz heran. **Achten Sie darauf, dass das Pferd den Hals absolut gerade**

**und perfekt in der Mitte zwischen den Schultern hält.** Knicken Sie dabei nicht in der Hüfte ein und versuchen Sie aufgerichtet in der Mitte des Pferdes sitzen zu bleiben. Wenn Sie selbst direkt in der Ecke sind, geben Sie dem Pferd einen leichten »Impuls« mit der Wade. Dieser Impuls hilft dem Pferd, das Becken zu bewegen und den Effekt in Schulter und Brustwirbelsäule zu erzeugen. Versteifungen im Körper und Hals lösen sich auf und der Schenkel verhindert, dass das Pferd in der Wendung auf die innere Schulter fällt. **Der absolut gerade gehaltene Hals** hilft, dass sich das Pferd nicht auf die äußere Schulter legen kann, sondern die Schultern sich direkt in die 90-Grad-Wendung führen lassen (Abb. 47, S. 69).
Halten Sie das Pferd kurz vor der Ecke und/oder kurz nach der Ecke erneut an, um **Balance** zu fördern. Die bremsende Handeinwirkung lässt sich nun deutlich reduzieren und die **Sitzhilfe durch ein aufgerichtetes Becken lässt die »Zugkraft«** in der Kommunikation mit dem Pferd weiter wachsen.

Wenn das Pferd die Ecken bewältigen kann, reiten Sie diese Kanten im freien Raum ohne Bande. Lösen Sie sich im 90-Grad-Winkel von der Bande und halten wieder an. Gehen Sie an und wenden direkt wieder im 90-Grad-Winkel. Der innere Schenkel hilft dabei, das Becken zu bewegen, was indirekt die Schultern mobilisiert. Die Balance verbessert sich in alle Richtungen und die Stabilität im Hals-Schultergürtel-Brustbereich ebenfalls. Hat das Pferd große Schwierigkeiten, die Schultern zu bewegen, können Sie eine Zwischenstufe einlegen: Hierbei halten Sie das Pferd innerhalb der Bahn an – Sie brauchen Platz um sich herum – dann drücken Sie mit dem inneren Schenkel die Hinterhand nach außen, bis das Pferd in seiner Längsachse auf die neue Linie ausgerichtet ist, und gehen erneut an. Auf diese Art können Sie ein Sechseck anlegen, damit die Winkel noch nicht ganz so eng und schwierig für das Pferd sind.

## Übung 3. Reiten auf gebogenen Linien und Volten

Haben Sie Schulter-Kontrolle und Stabilität durch die 90-Grad-Wendungen geschaffen, können Sie mit dem Reiten auf gebogenen Linien und Volten beginnen. Um die Stabilität weiter zu fördern, **beginnen Sie mit Volten und gebogenen Linien in Außenstellung.**

Um die Stellung im Genick (seitliche Drehbewegung des Kopfes ohne Schrägstellung bzw. Verwerfen) hierfür zu erarbeiten, lassen Sie das Pferd im Stand kauen. Führen Sie es vorsichtig mit einer Aufwärtseinwirkung am inneren Zügel in die **Stellung im Genick**. Der Hals sollte an der seitlichen Biegung nicht beteiligt werden.

Die meisten Pferde haben im oberen Halsbereich Versteifungen und sind am Übergang Hals-Brustwirbelsäule instabil. Wir brauchen hingegen eine **stabile Halsbasis und ein bewegliches Genick** (Abb. 48).

Leiten Sie Übung 3 in gezähltem Schritt ein, halten Sie die Halsbasis exakt in der Mitte, lösen Sie das Kauen aus und geben Sie dem Pferd die leichte Außenstellung. Dann gehen Sie Volten von 5 bis 6 Metern Durchmesser. Wieder trifft der Grundsatz **Haltung vor Bewegung** oder auch **»Position vor Aktion«** zu, weil Sie erst die Stel-

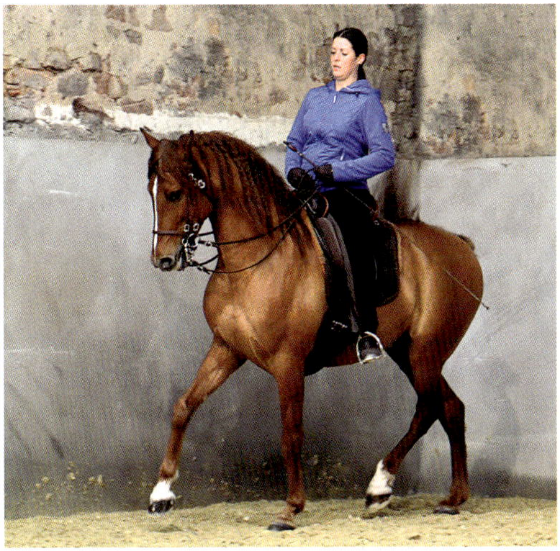

Abb. 48, Übung 3: Ivana Scheller auf ihrem 7-jährigen P.R.E. in einer Volte mit Außenstellung.

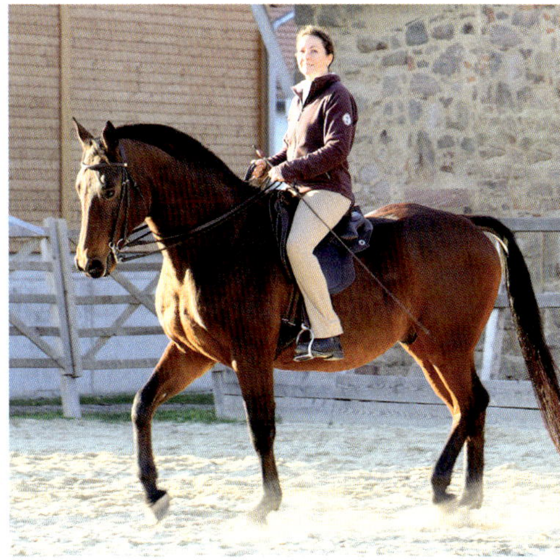

Abb. 49, Übung 3: Annette Müller auf ihrem 8-jährigen Oldenburger in einer Volte mit Innenstellung.

lung im Genick herstellen und dann auf die Volte gehen.

Die Hilfen des Reiters für die Wendung sind zunächst ähnlich wie beim Durchreiten der Ecke. **Der Reiter dreht sich bis in die Oberschenkel**, um das Pferd zu wenden. Die Unterschenkel rahmen das Pferd ein, so dass es weder nach innen, noch nach außen mit dem Rumpf oder der Hinterhand ausweicht. Da es sich immer um einen Lernprozess handelt, ist es wichtig, das Pferd nicht zu starr einzurahmen, sondern ihm Fehler zuzugestehen. Ein Schwanken des Pferdes ist in diesem langsamen Tempo zu Beginn zu erwarten, und so tasten Sie sich schrittweise an exakte Linien heran.

Kann das Pferd die Wendungen in Außenstellung gut durchhalten, wird es etwas geradeaus geritten, umgestellt und dann in die andere Richtung in Außenstellung gewendet.

Gelingt Ihnen dies, beginnen Sie die Acht in einer Stellung zu reiten. Sie fangen beispielsweise mit einer Links-Wendung in Rechtsstellung an und wenden dann nach rechts ab, während Sie jetzt die Rechtsstellung beibehalten und umgekehrt. Achten Sie darauf, dass Ihnen die Schulter-Balance nicht verloren geht und die Halsbasis exakt und stabil in der Mitte bleibt. Bewältigen Sie diesen Wechsel leicht, variieren Sie zwischen Achten in Außen- und Innenstellung.

## Übung 4. Der Beginn der Seitengänge – Seitengänge ohne Biegung

Um dem Pferd die Seitwärtsbewegungen beizubringen ist es sinnvoll, mit den Seitengängen ohne Biegung zu beginnen. Das Pferd kann hierbei in Hals- und Kopf-Position exakt gerade gehalten werden oder eine leichte Stellung im Genick entgegen der Bewegungsrichtung haben.

Die Abstellung, also das Maß, wie viel es seitwärts geht im Verhältnis zum Vorwärts, hängt ganz davon ab, welche Themen das Pferd hat. Die Abstellung kann variieren zwischen 20 und 85 Grad. Es geht darum, das Pferd durch Kreuzen und Spreizen der Beine im Rumpf beweglich zu machen. Dies muss allerdings in Maßen stattfinden, damit die Pferde ihren Körper nicht durch die Gegend schieben, sondern **tragen lernen**. Deshalb müssen Sie genau beobachten, was im Körper geschieht: Macht das Pferd sehr große Bewegungen, die es nicht ausbalancieren kann? Bekommt es die Beine kaum auseinander oder übereinander? Es können demnach negative Effekte z.B. durch Scherkräfte entstehen oder sie können den Rumpf in Unordnung bringen, weil falsche Rotationen entstehen oder vorhandene verstärkt werden. Besonders entscheidend sind die Abstellung und das Tempo. Das Pferd soll weich seitlich angehen und genauso weich anhalten können. Reiten Sie mit großer Abstellung, kann es angebracht sein, dass das Pferd eben genau nicht kreuzt und spreizt, sondern die Beine nur in kleinsten Schrittchen nebeneinander treten lässt. Weich, langsam und koordiniert sollte es Schritt für Schritt seitwärts gehen.

Ein Vorteil vom Geradehalten des Pferdes ist, dass Sie die Schultern unter Kontrolle halten, während das Pferd seitwärts tritt. Das Pferd lernt seitwärts zu gehen, ohne über die Schulter wegzulaufen. Bleibt das Pferd auf der Schulter hängen, von der es sich wegbewegt, können Sie vorübergehend eine leichte Biegung gegen die Bewegungsrichtung anleiten, um das Pferd von dieser Schulter zu lösen.

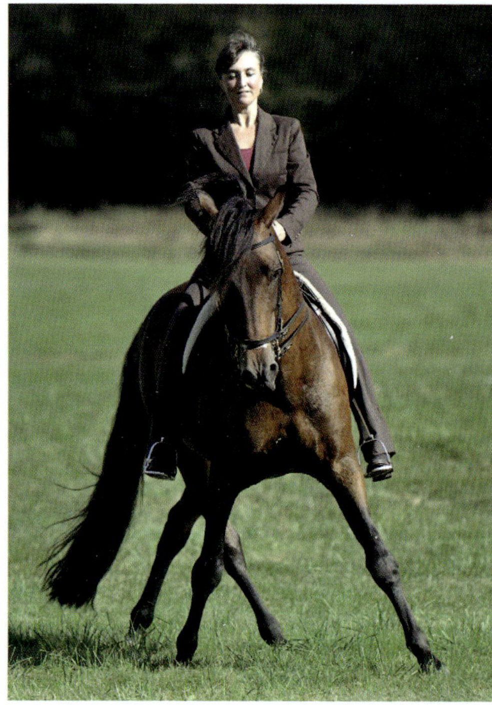

Abb. 50, Übung 4: 8-jähriger P.R.E. im Übertreten im Trab. Genickstellung gegen die Bewegungsrichtung und Üben von Kreuzen und Spreizen von Vor- und Hinterhand.

Beginnen Sie mit dem **Schenkelweichen** an der Bande, damit das Pferd eine Begrenzung bekommt und das Seitwärtsgehen besser verstehen lernt. Reiten Sie jedoch zu Beginn ohne Bande, brauchen Sie viel bremsende Zügeleinwirkung, um das Pferd am Vorwärtsgehen zu hindern. Die bremsende Zügeleinwirkung blockiert das Pferd in seinem Körper, was den lösenden Effekt der Übung stark einschränkt. Mit der Bande vor dem Pferd können Sie das Pferd loslassen und es lernt, am Sitz zu bleiben (sich vom Sitz bremsen zu lassen – wie beim Aufnehmen). Erst wenn Sie das Pferd gut mit dem Sitz in der Vorwärtsbewegung

kontrollieren können, wird das Seitwärts ohne Bande sinnvoll und entfaltet seine mobilisierende Wirkung.
Beginnen Sie mit einer sehr kurzen Sequenz und lassen Sie das Pferd wieder geradeaus gehen oder halten Sie es an, falls es zu schnell wird. Hat das Pferd gelernt, gut koordiniert und ausbalanciert an der Bande seitwärts zu gehen, können Sie mit dem Durchreiten der Ecken im Schenkelweichen beginnen. Kann das Pferd dies routiniert bewältigen, führen Sie es direkt nach einer Ecke auf die Diagonale (Abb. 50).

Eine weitere Möglichkeit, diesen Seitengang zu erlernen, ist das **Übertreten um die Vorhand**. Dabei wird das Pferd mit dem Kopf in die Mitte eines Kreises geführt und die Hinterhand **bei geradem Rumpf** mit leichter Stellung gegen die Bewegungsrichtung hinten zum **Kreuzen und Spreizen** gebracht, während die **Vorderbeine nur voreinander** treten. Diese sollen nicht kreuzen. Wie groß der Kreis ist hängt von verschiedenen Faktoren ab. Für beide Varianten gilt es, das Pferd zunächst an der Hand und ohne Reitergewicht mit der Übung vertraut zu machen. Erst wenn dies gut gelingt, sollten Sie – am besten mit der Unterstützung einer Person von unten – die Seitwärtsbewegungen aus dem Sattel heraus nachreiten.
Das Übertreten kann in der Enge des Kreises soweit gesteigert werden, dass es eine Vorhandwendung wird. Sie sollten beim Übertreten darauf achten, ob Sie **in der Mitte sitzen** können oder ob Sie das Pferd auf einer oder auf beiden Seiten nach außen setzt. Dies ist ein Zeichen für eine falsche/gegenläufige Rotation und diese sollen Sie nicht etablieren.
Ob das Pferd gerade oder gegen die Bewegungsrichtung gestellt ist, ist ein variabler Faktor. Eine saubere Innenstellung kann helfen, die Rotation zu verbessern. Auch die Höhe des Halses sollte variabel auf die Situation angepasst werden. Ist das Pferd in sich einigermaßen ausbalanciert, kann das Pferd die Höhe des Halses selbst bestimmen, sofern es nicht auf die Hand drückt. Schiebt es seinen Rumpf extrem über die Vorhand und kommt auf die Schultern, sollten Sie das Pferd mit einer höheren Hals-/Kopfposition unterstützen.
Ob diese Art der Seitwärtsbewegungen sinnvolle Übungen darstellen oder durch **Scherkräfte im Rumpf** Schwierigkeiten hervorbringen, sollten Sie mit einem erfahrenen Trainer besprechen. Sie können eine extrem **positiv mobilisierende Wirkung** haben, aber genauso das Pferd in ein Dilemma bringen. Das wichtigste Grundprinzip ist, dass das Pferd niemals in dieser Arbeit forciert werden darf.
Die **Langsamkeit** der Schrittarbeit gilt für diese Seitwärtsbewegung ganz besonders. **Das gefühlvolle Erarbeiten der einzelnen Schritte** muss unbedingt berücksichtigt werden, damit man grobe Fehler vermeiden kann und das Pferd sich sanft in die Übungen einfindet. Ich kann das gar nicht stark genug betonen, weil **Übungen mit einer starken Wirkung auch immer starke Schäden erzeugen können**.
Entfalten diese Basisseitengänge ihre Wirkung, können Schultergürtel, Rücken und Beckenregion effektiv mobilisiert werden.

## Übung 5. Seitliche Biegeübungen

Die **seitliche oder horizontale Biegefähigkeit des Pferdes, ist ein wichtiger Faktor** in der Ausbildung, und ohne sie ist Versammlung nicht denkbar. Die Wirbelsäule des Pferdes ist unterschiedlich stark seitlich beweglich, sodass von einer gleichmäßigen Biegung durch den ganzen Pferdekörper – so wie es früher beschrieben wurde – nicht gesprochen werden kann. Nur der Hals kann starke seitliche Biegungen vornehmen, Brust und Lendenwirbelsäule haben eine leichte Biegefähigkeit und das Kreuzbein besteht aus miteinander verwachsenen Wirbelkörpern und ist in sich nicht beweglich, während der Schweif wieder höhere Beweglichkeit aufweist.

**Seitliche Biegung geht immer mit Rotationen der Wirbelsäule einher.** Für die Versammlung ist die Biegefähigkeit der Brustwirbelsäule wichtig, die mit korrekten/transversalen Rotationen verbunden sein sollte (Dornfortsätze innen). **Biegeübungen sind genau genommen Rotationsübungen.** Mit der Rotations- und Biegefähigkeit geht die Gesamtorganisation des Körpers und damit auch **»die Platzierung der Beine«** des Pferdes einher. Je korrekter die Wirbelsäule arbeitet, desto korrekter wird sich der Körperbau des Pferdes entwickeln können. Fehlstellungen können durch korrekte Ausbildung korrigiert werden. Eine korrekte Längsbiegung beginnt mit einer Stellung im Genick, einer sehr leichten Biegung/Rotation im Hals bei stabiler Verbindung Hals-/Brustwirbelsäule, einer sehr leichten Biegung/Rotation in der Brustwirbelsäule und einer Ausrichtung der Lendenwirbelsäule, die in einer leichten Beckenrotation endet.

Korrekt ist sie dann, wenn sich die Dornfortsätze im gesamten Körper leicht mit dem oberen Teil nach innen neigen. Dies ist immer als ein Durchschnitt zu verstehen, weil die Wirbelkörper in der Bewegung eine Pendelbewegung ausführen und diese muss erhalten und im Laufe der Versammlungsarbeit minimiert werden. So kann sich das Anheben der Brustwirbelsäule voll entfalten. Dies korrekt zu entwickeln ist ein langsamer und kontinuierlicher Weg, der meist mit dem Lösen erheblicher Probleme im Pferdekörper verbunden ist.

**Diese Perspektive auf die versammelnde Ausbildung ist recht neu und wird noch wenig in der Praxis eingenommen. Hier ist eine wichtige zukunftsweisende Perspektive, die von vielem im Reitsport Praktiziertem weit wegführt.**

Um das Pferd zu lockern, stehen **am Anfang die sanft und korrekt ausgeführten Abkauübungen oder Flexionen** zur Verfügung (siehe im Buch »Klassische Arbeit an der Hand«). Mit ihnen kann das Pferd unter Hergeben des Mauls üben, die Halsbasis anzuheben, das Genick zu öffnen, das Genick seitlich zu stellen, den Hals seitlich zu biegen, den Hals nach vorne zu strecken und im Laufe der Zeit auch das Genick zu beugen.

Der Übergang oder auch die »Schaltstelle« zwischen Halswirbelsäule und Brustwirbelsäule ist in der **Aufhängung zwischen den Schulterblättern nur muskulär und faszial fixiert.** Hier kann es nach rechts oder nach links Blockaden aufgrund von einer muskulären Imbalance, Verspannungen und Verklebungen geben.

Damit das Pferd die Halsbasis und den Brustkorb anheben kann, muss dieser Übergang blockadefrei sein. Hierfür kann es nützlich sein, den Hals in einer horizontalen Haltung – das heißt Genick auf Widerristhöhe – seitlich soweit zu biegen, dass er bis zur Halsbasis seitlich nachgibt. Ich nenne das **»Überbiegen«** (Abb. 51). Diese starke Biegung führt dazu, dass die Dornfortsätze der Wirbel in der Brustwirbelsäule nach außen rotieren, während sie im Hals nach innen rotieren. An der Halsbasis ist ein Umkehrpunkt, der in der später korrekten Längsbiegung nicht da sein sollte. Dies ist eine für andere Zwecke »falsche«, gegenläufige Rotation. Eine solche seitliche Überbiegung dient der Beweglichkeit der Wirbel. Gelingt dies auf beiden Seiten gleichmäßig, kann das Pferd seine Wirbel in beide Richtungen rotieren, wird dies für die korrekte Längsbiegung nutzbar. **Es ist sehr wichtig, diese Biegearbeit nur als vorübergehende, vorsichtig und sehr begrenzt eingesetzte Gymnastik zu verstehen, die in der korrekten Arbeit mit angehobener Brustwirbelsäule so nicht mehr stattfinden darf.**

Leider knickt das Pferd an der Halsbasis seitlich oft ungewollt ab, was zu einer falschen Rotation führt. Die meisten Pferde weisen auf einer Seite eine falsche Rotation auf, diese zu korrigieren ist die Aufgabe – ist die Geraderichtung. Sie erkennen das daran, dass Sie auf der Seite den Hals in diversen Übungen kaum gerade halten können, er immer nach innen abknickt und Sie nach außen gesetzt werden. In manchen Übungen weicht Ihnen die Hinterhand in eine zu starke Abstellung aus (siehe Abb. 26, Seite 29).

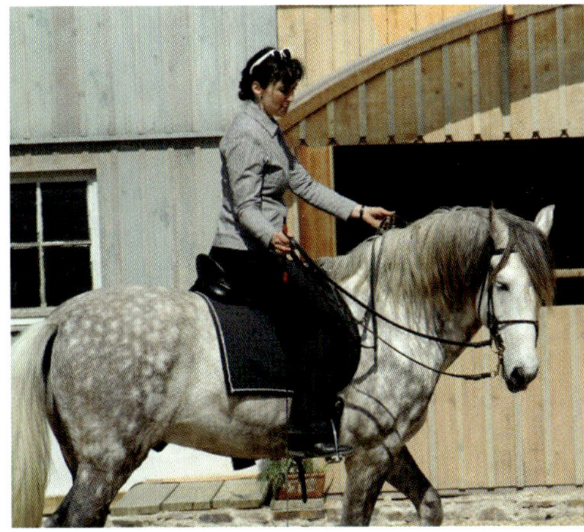

Abb. 51, Übung 5: 7-jähriger Andalusier beim Überbiegen im Schritt.

Das **Überbiegen aus dem Sattel** sollte sehr **vorsichtig und langsam** auf einer Volte im Schritt erarbeitet werden, bei der die Hinterhand geradeaus geht oder eher eine leichte Tendenz nach innen aufweist. Gehen Sie behutsam vor, während das Pferd kaut und sich ganz allmählich auf die starke seitliche Biegung einlässt. Der Hals »fällt quasi aus dem Rumpf heraus«. Der innere Zügel gibt oft nach und es entspricht einem **Locken**, auf keinem Fall einem kräftigen Herumziehen des Pferdekopfes.

Kann das Pferd die Dornfortsätze in beide Richtungen rotieren, werden diese Biegeübungen leicht und nicht (mehr) nötig sein. **Auf keinen Fall sollte man solche Übungen ständig anwenden. Der langfristige Fokus liegt auf der Stabilisierung der Halsbasis und nicht auf ihrer »Entkoppelung«.**

Wie bereits oben beschrieben, kann die korrekte Längsbiegung mit ihren korrekten Rotationen

beim Reiten auf gebogenen Linien begonnen werden. Beginnen Sie mit der Genick-Innenstellung, die einer Drehbewegung des Kopfes gleicht und die Ganasche – aus der Perspektive des Reiters im Sattel – verschwinden lässt, während Augen- und Nüsternrand erkennbar werden. Schon dies bedarf einiger Übung und genauer Beobachtung. Später **setzen Sie die Biegung vorsichtig und langsam Wirbel für Wirbel nach unten fort.** Achten Sie darauf, dass der Hals nicht stärker gebogen wird, als die Schultern breit sind. **Der Außenrand des Kopfes soll den Außenrand der Schultern nicht seitlich überschreiten.** Andernfalls knickt das Pferd in der Halsbasis ab, kommt auf die Schultern und rotiert falsch. Sie können diese Biegeübung Wirbel für Wirbel anschließend geradeaus reiten.
Sollte das Pferd beim Biegen über die äußere Schulter weggehen, reiten Sie Ihre gebogenen Linien nur in Genick-Innenstellung, bis Sie die Halsbasis stabil halten können.
Um die Längsbiegung weiterzuentwickeln kommen die »lektionsmäßigen« Seitengänge ins Spiel.

## Übung 6: Lektionsmäßige Seitengänge

Als lektionsmäßige Seitengänge bezeichne ich **Schulterherein, Konterschulterherein, Schultervor, Travers, Traversalen und Renvers.**
Diese Seitengänge werden in einem definierten Rahmen der Abstellung mit korrekter Längsbiegung/Rotation verbunden. Erst ihr Zusammenspiel wird das Pferd gründlich schulen.
Gymnastik und Längsbiegung des Pferdes werden so auf ein höheres Niveau gebracht.

Das **SCHULTERHEREIN** ist eine leichte Seitwärtsbewegung, bei der das Pferd gegen die Bewegungsrichtung gestellt und gebogen ist. Dabei wird mit der Biegung die **korrekte/transversale Rotation** erarbeitet, bei der sich alle Dornfortsätze leicht nach innen neigen. Das Pferd bewegt sich auf drei bis vier Hufspuren, je nachdem, wie hoch der Grad der Abstellung ist. Dies ergibt einen Abstellungswinkel zwischen 30 und 45 Grad im Verhältnis zur Linie, auf der sich das Pferd bewegt.

Besonders in der flacheren Version geht die **Kruppe geradeaus**, damit das **äußere Hinterbein nicht neben den Pferdekörper tritt** und das Pferd dadurch die Biegung vermeidet. Das Genick ist nach innen gestellt und je nach Schiefe ist der Hals nicht (zunächst auf der hohlen Seite) oder leicht an der Biegung beteiligt, während die Halsbasis stabil gehalten werden muss. Gelingt die korrekte Rotation in der Brustwirbelsäule, erscheint der Rippenbogen außen (je nach Bewegungsphase mehr oder weniger) deutlich herauszukommen, sich aus dem Pferd »herauszuwölben«. Der innere Schenkel liegt gut am Rumpf an, weil er nicht vom nach innen geschobenen Brustkorb weggedrückt wird.
**Das Schulterherein verbessert die Biegung, das Anheben der Brustwirbelsäule, die Arbeit im Becken, beugt das innere Hinterbein und koordiniert Vor- und Hinterhand.**
Mir ist wichtig, dass der Anfang des Schulterhereins wirklich ein **»Schulter-Hereinführen«** ist und nicht ein »Kruppe-Herausdrücken«.
Bereiten Sie in einer Volte die Längsbiegung, das

Hereinführen der Schultern sowie die Kontrolle der Hinterhand vor. Konnten Sie eine Sechs-Meter-Volte korrekt reiten, führen Sie das Pferd mit der Vorhand soweit herein, dass es nur noch mit der Hinterhand auf dem Hufschlag bleibt. Gelingt dies, wird das Pferd mit dem inneren Schenkel und dem Sitz in die seitliche Bewegung hereingeführt, während die Hände, wenn nötig die Schultern, seitlich leicht abbremsen.
Gelingt dies nicht, und das Pferd versucht, weiter nach vorne erneut in die Volte zu drängen, können Sie Folgendes üben: Reiten Sie eine Volte, in der Sie prüfen, ob Sie das Pferd jederzeit verlangsamen können und damit gut »am Sitz« haben. Führen Sie die Schultern so weit in die Bahn, als ob die Volte erneut beginnt. Genau in diesem Moment halten Sie das Pferd an. Daraus treiben Sie das Pferd mit dem inneren Bein seitlich, bis es das Schulterherein beginnt. Es hat durch die Basis-Seitengänge bereits gelernt, auf die einseitige Schenkelhilfe und den Sitz zu reagieren. Gelingt das Schulterherein für ein paar Schritte, lassen Sie das Pferd entweder erneut in die Volte abwenden oder Sie führen die Vorhand mit einer Drehung in Ihrem Körper nach außen zurück zur Hufschlaglinie. Lassen Sie das Pferd pausieren.

Machen Sie den Anfang an der Bande, damit Sie die Hinterhand leichter kontrollieren können. Vermutlich werden Sie die Hinterhand erst dann wirklich kontrollieren können, wenn das Pferd auch das Travers gelernt hat. Es versteht dadurch den äußeren Schenkel besser und kann mit den Unterschenkeln im Schulterherein **»kanalisiert«** werden, so dass das äußere Hinterbein nicht seitlich ausweichend neben den Körper tritt. **Im Schulterherein entsteht eine Beckenrotation von innen/oben/hinten nach außen/unten/vorne.**
Gelingt Ihnen diese Kontrolle, wird das Pferd in der **korrekten Rotation** unterstützt und so entsteht reelle Längsbiegung. Setzt Sie das Pferd hingegen nach außen, wird es vermutlich in einer gegenläufigen Rotation sein. Haben Sie dabei den Eindruck, dass Sie Ihren Schenkel nicht so nah am Pferd anlegen können? Drängt der Brustkorb nach innen und stößt Ihren Schenkel ab? Dann gelingt die Längsbiegung nicht.
Das Schulterherein ist als **fundamentale »Biegeübung«** und damit auch als **»Rotationsübung«** zu verstehen.
Bei einem Aufenthalt in der Schweiz bei **Fredy Knie Senior** hatte ich von ihm gehört, dass er **Schulterherein als »Biegeübung«** und nicht als Seitengang bezeichnete.
Die Biegung steht im Vordergrund. Kann das Pferd das Schulterherein halten, ist es auf verschiedensten Linien ausführbar. Um die Längsbiegung zu verbessern, reiten Sie das Schulterherein auf einer großen Volte, die Sie als **Spirale** immer enger ziehen. Die Vorhand wird immer weiter nach innen vor die Hinterhand gerichtet, ohne dass das Pferd mit der Kruppe ausweicht. Dies Übung nenne ich fortlaufend **Schulterherein-spirale**.
Wechseln Sie im Schulterherein die Hand, gelangen Sie unter Beibehaltung aller Faktoren auf der anderen Hand ins **KONTERSCHULTERHEREIN**. **Das Konterschulterherein auf gebogenen Linien und Volten zu üben ist sehr nützlich, um**

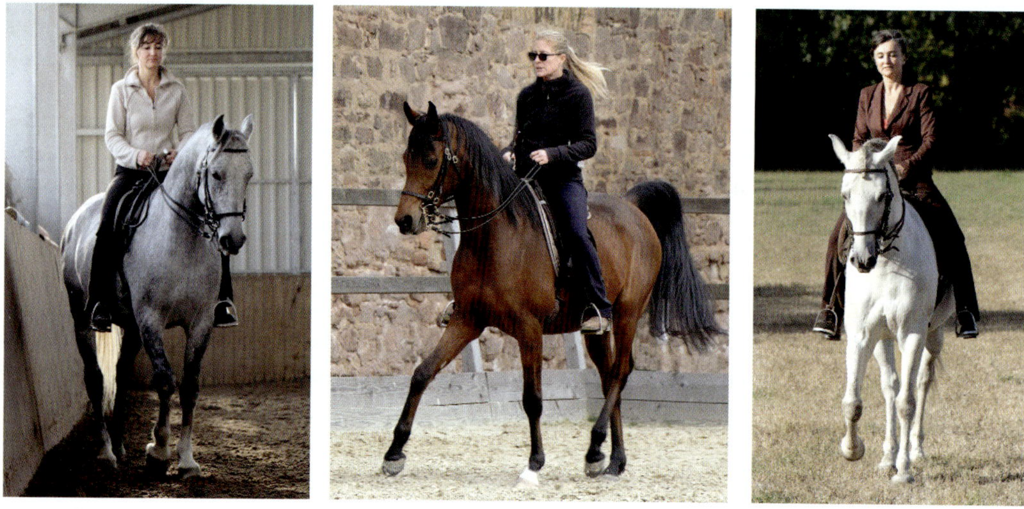

Abb. 52. Übung 6: links: 6-jähriger Lipizzaner im Schulterherein · Mitte: Miriam Dorn auf ihrem 9-jährigen Vollblutaraber in einer Traversale · rechts: Finito, 8-jährig, im Schultervor.

**die Schultern des Pferdes beweglicher machen** (Abb. 52).

Kann das Pferd das Schulterherein gut und kontrollierbar ausführen und Sie haben ein Gefühl für die Längsbiegung mit der **korrekten/transversalen Rotation** entwickelt, können Sie mit dem **SCHULTERVOR** beginnen. Es ist wie ein ganz leichtes Schulterherein. Das Pferd wird gerade an die Bande geführt und muss die Kruppe absolut gerade und parallel zur Bande haben. Führen Sie die Schultern soweit rein, dass das innere Hinterbein zwischen die Vorderbeine fußt. Schaffen Sie es, die Kruppe absolut gerade zu halten, **kommt es zur Längsbiegung im Bereich der Brustwirbelsäule. Sie ist ebenfalls mit der transversalen Rotation verbunden, bei der sich die Dornfortsätze leicht nach innen neigen. Diese Rotation führt dazu, dass das Pferd die Brustwirbelsäule stärker anheben kann – ein zentraler Faktor der Versammlung.**

Beginnen Sie das Schultervor in einem sehr langsamen Schritt. Entsteht die Biegung, fühlt sich das Pferd weicher und runder an, weil Sie das Anheben der Brustwirbelsäule spüren können. Wenn diese Biegung nicht gelingt, sollten Sie nicht weiter Fortschreiten, sondern sich um eine bewegliche Kruppe kümmern, sofern die Arbeit in den Basis-Seitengängen noch nicht ausgereicht hat.

Legen Sie hierfür ein **Sechseck** an, bei dem Sie auf den Geraden Schultervor und in den Ecken/Kanten Schulterherein reiten.

Sie beginnen auf der Geraden. Wenn Sie an eine Ecke kommen, drücken Sie die Kruppe soweit heraus, bis Sie den Winkel der neuen Geraden des Sechseckes haben (es entsteht dabei für einen

Moment Schulterherein in der Wendung), auf der Sie erneut Schultervor reiten und so fort.
Diese Übung versetzt das Becken in Bewegung. Eine weitere Übung hat einen ähnlichen Effekt, wirkt aber noch mehr auf die Brustwirbelsäule ein: Sie beginnen mit Schultervor an der Bande entlang und **wechseln bei jedem zweiten Schritt zwischen Schulterherein und Schultervor**. Versuchen Sie die Ecken im Schulterherein zu passieren.
Das Schultervor sollten Sie zunächst auf geraden Linien und erst später auch auf gebogenen Linien reiten. Auf den verschiedenen Linien können Sie herausbekommen, was dem Pferd noch schwerfällt und welche Linie es benötigt. **Das Schultervor wird zu einer Schlüssel-Übung für die Versammlung.**
Für mich ist die Frage nach der Reihenfolge der Seitengänge nicht schematisch zu beantworten. In den meisten Fällen beginnen Sie, beim Pferd das Schulterherein auszubilden, aber in einigen Fällen sollten Sie mit dem **Travers** oder auch **»Kruppeherein«** beginnen. Es kommt auf die Situation des Pferdes an. **Das Travers hilft bei der Aufrichtung** (Anheben der Halsbasis) und **sorgt für Aktivität**. Außerdem **rotiert das Becken von außen/oben/hinten nach innen/unten/vorne** (genau andersherum wie beim Schulterherein). Natürlich ist davon auszugehen, dass das Travers noch nicht von Beginn an mit korrekter Längsbiegung umsetzbar ist, sollte das Schulterherein nicht als Grundlage vorhanden sein. Es kann jedoch für das Anheben der Halsbasis und das Bewegen des Beckens abgewechselt mit Volten in Biegung bereits nützlich sein.

**Im TRAVERS ist das Pferd in die Bewegungsrichtung gestellt und gebogen und kann auf drei bis vier Hufspuren abgestellt sein.** Um das Travers zu erarbeiten führen Sie das Pferd in Innenstellung durch eine leicht abgerundete Ecke. Dann lassen Sie die Kruppe nicht an die neue Bande kommen, indem Sie mit einer Rumpfdrehung und dem äußeren Bein sowie Ihrem Gewicht dem Pferd helfen, ein wenig mit der Kruppe innen zu bleiben und seitwärts zu gehen. Dabei erhalten Sie gefühlvoll die Stellung im Genick. **Um das Travers wirklich in Längsbiegung zu reiten, halten Sie das Pferd vom Schulterblatt bis zum Kopf genau parallel zur Bande. Die Abstellung erfolgt hinter dem Widerrist, sodass es in der Brustwirbelsäule zu einer korrekten Rotation und damit zur Längsbiegung kommt.** Sie müssen hierbei gut in der Mitte sitzen können und nicht nach außen rutschen.
Wenn Sie das Pferd nach außen setzt, hat es vermutlich eine gegenläufige Rotation. Sie sollten das Travers direkt unterbrechen und in einer **Volte** oder in einer **Schulterhereinspirale** die Rotation korrigieren. Indem Sie versuchen, in der Mitte sitzen zu bleiben, können Sie das Pferd bei den Rotationen unterstützen. Ihr innerer Schenkel wird durch den leicht nach außen verdrängten Brustkorb geradezu angezogen.
Eine geringe Abstellung ist angezeigt, wenn das Pferd Probleme mit den Rotationen hat, im Becken noch nicht genügend arbeitet und sich wenig aufrichten kann.
Hat das Pferd das Travers an der Bande gelernt, sollten Sie es vermehrt auf freien Linien reiten: Diagonalen, Mittellinie oder alle erdenklichen ge-

bogenen Linien machen das Pferd geschmeidig. Das Pferd wird nicht von der Bande blockiert.

**Ein auf der Diagonalen gerittenes Travers ist eine TRAVERSALE.**
Um dem Pferd eine Traversale beizubringen reiten Sie zunächst im Travers an der Bande entlang. Im Travers durch eine Ecke nutzen Sie die stärker herumgehende Vorhand, um das Pferd nach der Ecke ein Stück von der Bande weg auf die Diagonale zu führen. Sobald das Pferd dies ausführen kann, können Sie mit einem korrekten Aufbau der Traversale wie folgt beginnen: Das Pferd wird tief in eine Ecke geführt, aus der Ecke heraus reiten Sie ein paar Schritte im Schultervor an der Bande entlang. Damit hat das Pferd die Längsbiegung und die Vorhand ist bereits etwas in die Bahn gestellt – ganz so, wie es in der Traversale mit der Vorhand führen soll. Ist die Vorbereitung gelungen, ändern Sie die Bewegungsrichtung, um das Pferd in die Traversale zu führen.

Die Traversale eignet sich dafür, **mehr vertikale Kraft aus den Hinterbeinen zu bekommen**. Beginnen Sie mit sehr **flachen Traversalen**. Damit ist die Wahrscheinlichkeit größer, die Rotationen nicht durcheinanderzubringen oder sie korrigieren zu können. **Zunächst sollte das Pferd nur im Genick gestellt und der Hals in der Mitte gehalten werden.**

Um die **Schultern besser bewegen** zu können und **das Becken zum Rotieren und Beugen** anzuregen ist die **Kehrtvolte im Travers** besonders gut geeignet: Reiten Sie im Travers durch die Ecke und führen Sie das Pferd in einem Halbkreis von der Bande weg. Beenden Sie die Übung mit einer Traversale auf die Bande zu, um die Hand zu wechseln. An der Bande angekommen haben Sie viele Möglichkeiten, die entstandene Versammlung zu nutzen. Machen Sie die ersten Male hier eine Pause. Später können Sie das Pferd gerade machen und antraben, angaloppieren, rückwärtsrichten, Piaffieren oder vieles mehr.
Wenn Sie die Kehrtvolten gut reiten können, sind ganze **Traversvolten** eine weitere Steigerung der Versammlungsfähigkeit.

Ist das Pferd in der Lage, das Travers auf gebogenen Linien und der Diagonalen sicher auszuführen, können Sie nach dem Handwechsel in einer Traversale, das Travers auf der neuen Hand beibehalten. Dabei landen Sie im Konter-Travers, dem sogenannten **RENVERS**, bei dem die Kruppe an der Wand und die Vorhand in die Bahn gestellt ist (wie im Schulterherein nur andersherum gestellt und gebogen). Anders ausgedrückt ist ein »Renvers rechts« ein »Travers links« auf der rechten Hand geritten.

Das **Renvers auf gebogenen Linien** ist eine besonders nützliche Übung, um den **Widerrist anzuheben**. Auch das **Becken kommt dabei rotierend ins Arbeiten**. Sie müssen gut darauf achten, dass das Pferd mit der Hinterhand nicht seitwärts ausweicht, sondern so viel Vorwärtsbewegung aufweist, dass das **innere Hinterbein** (innen von der Biegung des Pferdes aus gesehen) nur **innerhalb der Körperbreite geht**. Anderenfalls verfehlt es seine Wirkung.

Sowohl im Travers als auch im Renvers können die Volten so eng gezogen werden, dass sie zu einer **Pirouette** werden. Das Pferd bewegt sich in der **Travers-Pirouette** auf einem ganz kleinen Kreis um die Hinterhand, und in der **Renvers-Pirouette** um das innere Vorderbein, mit der Vorhand fast auf der Stelle.
Für diese Übungen müssen die Pferde sehr gut vorbereitet sein, damit keine unkoordinierten schädlichen Bewegungen entstehen.
Weitere nützliche Übungen sind **Travers- und Renvers-Kehrtvolten im Wechsel**, bei denen einmal mehr die Vorhand und einmal mehr die Hinterhand bewegt wird. Direkt anschließend kann sich das Pferd mehr versammeln und aufrichten, was für Übergänge in den Trab oder in den Galopp genutzt werden kann.

Die **Unterschenkel des Reiters** sind auch in Travers und Renvers als ein **Korridor** zu verstehen, der das Ausweichen der Hinterhand verhindert. Die **Oberschenkel** helfen mit der **Oberkörperdrehung die Schultern auszurichten**.
Mir ist sehr wichtig, dass das Pferd vom einen Schenkel ausweichend weggeht und zum anderen hingeht, sich **von den Schenkeln einrahmen und vom Sitz kontrollieren** lässt. Das Pferd kann in jedem Moment angehalten oder geradeaus oder in einen anderen Seitengang geführt werden. Das ist ein wichtiges **Zeichen für Balance** und dass das Pferd **»an den Hilfen«** steht und nicht in eine Richtung »fällt«. Gelingt dies nicht, führen Sie das Pferd immer wieder in den Seitengang herein und nach ein paar Schritten wieder heraus. Läuft das Pferd seitlich weg, kann mehr Schaden als Nutzen von der Übung ausgehen und es kommt eher zu Balanceverlust.

## Übung 7. Rückwärtsrichten

Führen Sie das **Rückwärtsrichten an der Hand** ein. Mehr dazu in meinem Buch »Klassische Arbeit an der Hand«. Hat das Pferd das Rückwärtsrichten an der Hand gelernt und ist körperlich in der Lage, es **ohne Blockaden** auszuführen, können Sie es unter dem Sattel beginnen. Nehmen Sie sich eine Person zur Hilfe, die von unten mitgeht und das Pferd an die Arbeit an der Hand erinnert. Sie selbst legen Ihre Unterschenkel etwas zurück, sitzen nicht zu schwer und wirken vorsichtig mit dem Zügel leicht aufwärts ein, bis sich das Pferd nach hinten in Bewegung setzt. Die Beine dürfen dabei auf keinen Fall treiben, nur die Position ein wenig nach hinten verlagern und das Pferd einrahmen. Sobald das Pferd sich nach hinten in Bewegung gesetzt hat, lassen Sie den Druck am Zügel nach. Mit Ihrem Gewicht gehen Sie bitte sehr vorsichtig um. Erst wenn das Pferd gut rückwärtsgehen kann, können Sie mehr einsitzen, um dem Pferd zu mehr Balance im Rückwärts zu verhelfen. Das Rückwärtsgehen kann sehr nützlich sein, um das **Beugen der Gelenke** zu üben. Es darf aber nur **auf korrekte Art** ausgeführt und nicht künstlich forciert werden. Falsches Rückwärtsgehen kann Schaden anrichten.
Rennt das Pferd rückwärts weg, stoppen Sie sofort die Übung und bringen es wieder nach vorne. Es ist genau wie bei den anderen Übungen, dass sie nur nützlich sind, wenn das Pferd dies **ruhig entspannt und Schritt für Schritt ausführt**. Das Tempo kann erst bei guter Koordination ge-

steigert werden. Das Pferd sollte sich beim Rückwärtsgehen **aufrichten, die Schultern und die Vorderbeine anheben**, nicht durch den Sand ziehen. **Das Becken des Pferdes sollte sich dabei weich bewegen**. Ihr eigenes Becken kann wie beim Aufnehmen etwas aufgerichtet werden.
Hat das Pferd das Rückwärtsrichten gut erlernt, kann es auch auf gebogenen Linien eingesetzt werden, um gezielt die Schiefe zu bearbeiten. Außerdem ist es von Nutzen Rückwärtsrichten und Vorwärtsgehen abzuwechseln. Beginnen Sie mit den **Übergängen Schritt-Rückwärts dann Trab-Rückwärts und später Galopp-Rückwärts**. Gelingen all diese Übergänge weich, harmonisch, ruhig und prompt, haben Sie bereits eine gute Balance-Situation erarbeiten können.

## Übung 8. Trabarbeit

Arbeiten Sie so lange im langsamen, gut ausbalancierten Schritt, bis Sie Biegung, Anheben der Brustwirbelsäule und Aufrichtung bis zu einem gewissen Grad erarbeiten konnten. Die Schrittarbeit soll über Wochen bis Monate den Hauptanteil der Arbeit ausmachen. In schwierigen Fällen reiten Sie eine Zeit lang nur im Schritt, bis sich das Pferd besser bewegen kann und sich wohler fühlt.
Haben Sie ein bestimmtes **Ergebnis durch die Schrittarbeit erzielt, beginnen Sie mit dem Antraben**. Das **Antraben** sollte eindeutig in die **vertikale Richtung** führen. Das bedeutet, dass das Pferd im Trab nicht wieder zurück auf die Schultern fällt, sondern schon **der erste Trabtritt eine leichte Aufwärtsbewegung** beinhaltet. Um dies erreichen zu können, müssen Sie den

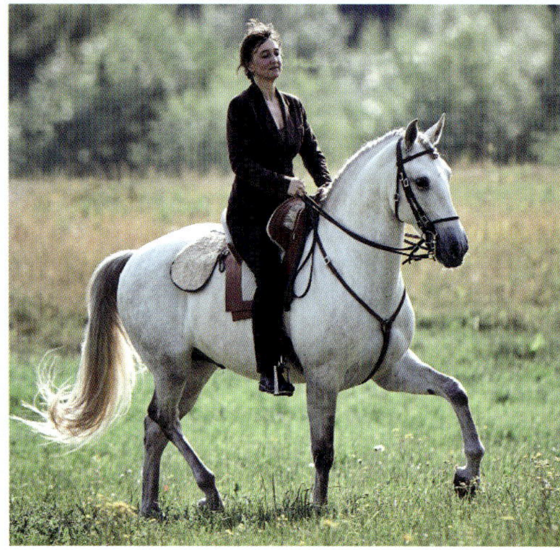

Abb. 53, Übung 8: Lusitano Finito, 8-jährig, in der Trabarbeit im Gelände.

Schritt so vorbereiten, dass das Pferd sich im Widerrist gut angehoben hat und weich anfühlt. Haben Sie keine Aufwärtstendenz beim Antraben, sollten Sie den Vorgang wiederholen. Seien Sie froh, wenn Sie den ersten Trabtritt haben. Machen Sie eine Pause und wiederholen Sie das Antraben. Gelingt der Anfang, traben Sie nur solange weiter, wie das Pferd die Balance aufrechterhalten kann. Anderenfalls sollten Sie in den Schritt zurückkehren und das Pferd erneut auf die Trabarbeit vorbereiten (Abb. 53).
Die Schrittarbeit war für Sie und Ihr Pferd auch dann erfolgreich, wenn Sie beide weniger Mühe haben, alle Übungen im Trab umzusetzen. Deshalb ist die Arbeit im Trab bald recht komplex zu gestalten.
Haben Sie das Antraben gut erarbeitet, können Sie die **Übungen 2. und 3. im Trab** ausführen. **Wendungen, Ecken und Volten in Außenstellung sollten zunächst den Schwerpunkt** bilden.

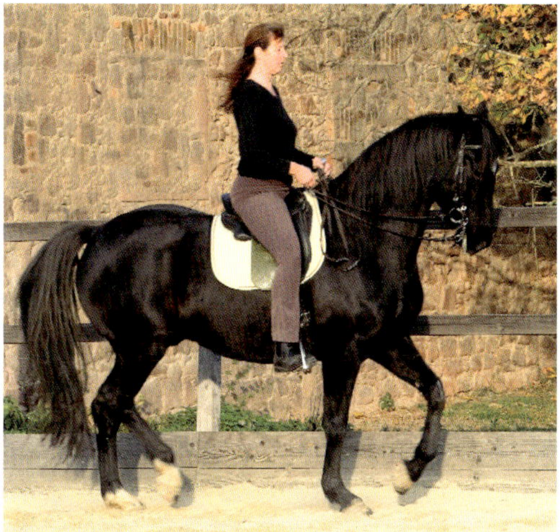

Abb. 54, Übung 8: Claudia Leich auf ihrem 8-jährigen Oldenburger im versammelten Trab.

Haben Sie die Halsbasis stabil, die Schultern unter Kontrolle und können das Tempo vermehrt über den Sitz regulieren, können Sie mit **Übung 6., den »Lektionsmäßigen Seitengängen« im Trab**, beginnen.
Fühlt sich das Pferd im **Trab rund und weich** an und fällt nicht zurück auf die Schultern, können Sie im Schulterherein und im Schultervor arbeiten und genau wie im Schritt alle zwei Tritte abwechseln. Fahren Sie mit flachen Traversalen fort und schließen Sie regelmäßig große Renvers-Wendungen an. Machen Sie viele Pausen.

Eine weitere sinnvolle Übungsabfolge ist: Reiten Sie ein flaches Travers links auf einer Volte, dann wenden Sie nach rechts in eine Volte in Links-Stellung (also Außenstellung) und bleiben auf ihr, bis sich das Pferd gut stabilisiert hat. Im Anschluss reiten Sie auf einer geraden Linie im Schultervor links mit dem Ziel raus, dass sich das Pferd in der Brustwirbelsäule verstärkt anhebt. Das Gleiche auf der anderen Hand.
Legen Sie Achten in Travers und Renvers an. Wechseln Sie dies immer wieder mit Schulterherein, Schultervor und Volten in Außenstellung ab. Reiten Sie oft tief in die Ecken und wechseln Sie steile Wendungen und gerade Linien ab, auf denen Sie auch zwischen den Gangarten wechseln und regelmäßig anhalten. Wechseln Sie besonders die Trabarbeit mit der Schrittarbeit oder der Galopparbeit ab. **Spielen Sie mit den Elementen.**
Der ruhige, kadenzierte Trab kann sich durch die Übergänge und die Gymnastik im Trab schrittweise entwickeln.
Bis das Pferd den Widerrist in allen Situationen und Gangarten unter dem Reiter angehoben halten kann, vergeht viel Trainingsarbeit. Besonders im Trab kann die **Kadenz** im Laufe der Zeit zunächst zu einem **schönen Schultrab** und später über eine kleine Passage zu einer **ausdrucksvollen Passage** auf das Maximum gefördert werden. Dieser Prozess kann durch den Einsatz der **»Zugkraft«** des Reiters aus dem Sitz (s. Seite 60ff) kontinuierlich entwickelt werden. Spätestens, wenn das Pferd die Passage beherrscht, kann mit reellen **Trabverstärkungen** begonnen werden.

## Übung 9. Galopparbeit

Wir haben gesehen, dass das Pferd am besten den Widerrist anheben kann, wenn das Vorderbein **in der Vertikalen am Boden** ist. **Der gezählte Schritt ist für das Training so wichtig**, auch weil diese Phase lange anhält und oft vorkommt. Im versammelten Galopp ist **diese Phase des**

**Vorderbeins** auch größer als im Trab. Dies ist ein Argument für die Galopparbeit. Ob sich der Galopp oder der Trab im Anschluss an den Schritt besser eignet, müssen Sie herausfinden. Hat das Pferd einen guten Galopp, kann er ohne Weiteres rasch mit einbezogen werden. Ist der Galopp sehr schwach, ohne Takt und Balance, im Vierschlag, gelaufen oder kann das Pferd auf einer Hand gar nicht galoppieren, springt um oder landet im Kreuzgalopp, dann sollten Sie Grundlagenarbeit im Trab vorziehen.

Falls Ihr Pferd die Galopphilfe nicht kennt, können Sie es an der Longe zunächst mit der **Stimmhilfe angaloppieren** lassen. Diese Stimmhilfe nehmen Sie mit in den Sattel und geben mit dem äußeren leicht zurückgelegten Bein einen Impuls als Galopphilfe. Hat das Pferd die **Galopphilfe** mit dem Bein verstanden, können Sie das **Angaloppieren** üben. Die Vorbereitung sollte idealerweise im Travers stattfinden, weil **das Travers die Galopp-Position** ist. Eine Traversvolte oder eine Traverskehrtvolte nach innen oder nach außen auf die Bande zu im versammelten Schritt eignet sich besonders gut, um das Pferd auf das Angaloppieren vorzubereiten.

Bei leicht erregbaren Pferden sollten Sie mit den gleichen Übungen aus dem versammelten Trab angaloppieren.

Kann das Pferd durch das vermehrte Angaloppieren die Balance im Galopp etwas erhalten, sollten Sie zunächst **Zirkel und große Volten mit einem sehr geraden Hals reiten**. Später kommt Travers hinzu. Hat das Pferd extreme Probleme auf einer Hand zu galoppieren oder generell einen schlechten Galopp-Takt, können Sie es im **Konterschulterherein angaloppieren** und galoppieren lassen.

**Das Schulterherein eignet sich aus meiner Sicht wenig für die Galopparbeit**. Ist der Galopp durch den Travers-Galopp taktrein geworden, kann mit dem **Schultervor** im Galopp begonnen werden. Das Schultervor erhöht die Versammlung, kann jedoch den Galopp-Takt wieder in Frage stellen.

Deshalb machen Sie viele Wechsel innerhalb des Galopps: Travers, Traversvolten, Wendungen, Kehrtwendungen, Schultervor, Außengalopp mit gerader Halsposition oder Renvers-Galopp.

Um den Galoppsprung zu vergrößern, können Sie auch einen Zirkel im Außengalopp mit Innenstellung reiten.

Festigen Sie erst den **Außengalopp**, bevor Sie an **Galoppwechsel** denken.

**Fliegende Galoppwechsel** sind eine Art **Angaloppieren im Galopp**. Die einfachen Galoppwechsel mit einem Übergang zum Schritt sollten in guter Balance als Voraussetzung etwa alle zehn Meter mühelos möglich sein. Damit das Pferd sich beim fliegenden Galoppwechsel nicht angewöhnt, hinten »nachzuspringen« (das Pferd führt den Wechsel in zwei Phasen aus), gibt es eine Übung, die das effektiv ausschließt: Reiten Sie auf dem Mittelzirkel Travers im Schritt. Galoppieren Sie im Travers an. Parieren Sie das Pferd wieder durch. Reiten Sie das Pferd im Renvers im Schritt und galoppieren Sie im Außengalopp-Renvers an und so fort. Kann das Pferd diese Übergänge mühelos alle paar Meter meistern, können Sie das Pferd aus dem Travers-Handgalopp in den Renvers-Außengalopp wechseln lassen. Da hierbei die

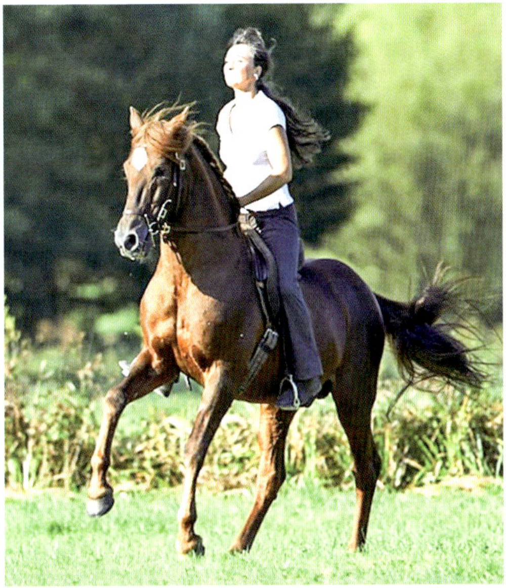

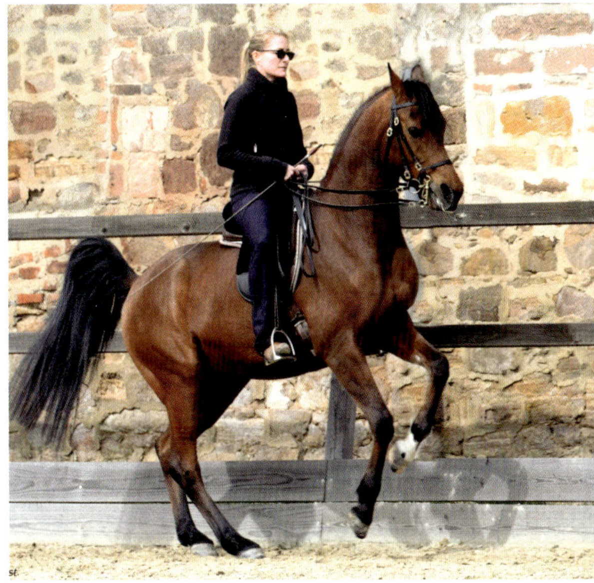

Abb. 55, Übung 9: links: Lusitano Marialva 20-jährig in Galoppwechseln von Sprung zu Sprung (Einerwechsel, Galoppwechsel à Tempi) · rechts: Miriam Dorn auf ihrem 9-jährigen Vollblutaraber im versammelten Galopp annähernd auf der Stelle.

Kruppe sehr stark nach außen bewegt wird, ist die Wahrscheinlichkeit, dass es hinten wechselt, sehr groß. Dass ein Pferd vorne »nachspringt«, kommt sehr selten vor (Abb. 55).

An **Serienwechsel** sollten Sie erst denken, wenn die fliegenden Galoppwechsel gänzlich ohne Balanceverlust, Mühe und Aufregung möglich sind. Das Reiten von Travers-Volten im Galopp eignet sich um **Galopp-Pirouetten** vorzubereiten. Die Wechsel zwischen Schultervor, Wendungen und Travers auf kleinen Raum sind ebenfalls eine gute Arbeit an den Pirouetten.

Haben Sie das Aufnehmen mit dem Sitz mit der Zugkraft gut erarbeitet, können Sie das Pferd auch im Galopp immer wieder aufnehmen und durch **Tempounterschiede** mit der Balance spielen. Achten Sie darauf, dass das Pferd dabei nicht auf die Schultern kommt, den Hals zu tief nimmt, sich verspannt oder zu eilen beginnt.

### Aufnehmen, die Entwicklung der »Zugkraft«

Unter Zugkraft verstehe ich den Vorgang, das Pferd durch die Einwirkung mit dem Sitz mehr nach oben 'zu ziehen'. Dies ist eine subtile Einwirkung durch das Aufrichten des Beckens und den Einsatz der Bauchmuskulatur. Dabei wird das Pferd auch im Tempo etwas zurückgenommen, damit es höher kommt.

Dieser Vorgang sollte während der Arbeit mit dem Pferd immer wieder einfließen. Besonders bevor man eine Übung beginnt oder wenn das Pferd auf die Schultern kommt.

Nehmen Sie das Pferd zurück vor einer Ecke, vor einer Traversale, innerhalb einer Traversale, innerhalb des Schultervor, vor jeder Richtungsänderung, zur Gangarten-Änderung und um jeden Übergang einzuleiten.
Nur bei den Volten in Außenstellung ist das Aufnehmen nicht möglich.

**Wechseln Sie** zwischen Übungen ab, die mehr **Anheben der Brustwirbelsäule** bewirken und solchen, die mehr **Aktivität und Aufwärtstendenz der Hinterhand** fördern. Die Kadenz und die Gleichmäßigkeit der Bewegung werden sich erhöhen. Und dabei sitzen Sie ruhiger, weicher und bequemer im Pferd. Die Rotationsbewegungen der Wirbelkörper werden kleiner, Leichtigkeit und Aufrichtung werden größer.

Bei der **Tempokontrolle und Ausübung der Zugkraft des Reiters durch das Aufrichten seines Beckens** entsteht eine leichte Veränderung seines Schwerpunkts. **In einer funktionierenden Kommunikation reagiert das Pferd mit Aufrichtung.** Das geschieht auf aktive Weise also durch Muskelarbeit. Das **durch den Sitz angeregte Geschehen** ermöglicht, dass ein leichter Zug im Hinterhand-Bereich aufgebaut wird. Die **Verweildauer der Beine auf dem Boden verlängert sich** und dadurch kommt es zur **Aufladung des faszialen Gewebes mit kinetischer Energie** und zur Förderung der Federkraft, die aus dem Gewebe resultiert. **Dieser Vorgang ist ökonomisch und verringert den Verschleiß. Dies ist für die langfristige Gesunderhaltung sehr nützlich.**

## Anlehnung als Kontakt · konstante Kopf-/Halshaltung

**Die Anlehnung verstehe ich als Kontakt, als eine positive Einwirkungsmöglichkeit, die das Pferd nicht vermeidet. Dies hat nichts mit »Ziehen am Zügel« von Seiten des Pferdes zu tun! Der Kontakt kann auch bei durchhängendem Zügel voll hergestellt sein und dies sollte beim ausgebildeten Pferd möglich sein.**
Eine **konstante Kopfhaltung** gibt es ohne Versammlung nur im Trab. Die **»Main fixe«** (die fixierende Zügelhilfe) **hilft dem Pferd in einer bestimmten Phase der Ausbildung** (wenn bereits viele Probleme und Blockaden gelöst wurden) **bei der Beugung der Hanken durch die Stabilisierung der Haltung.** Besonders im Trab kann dies mit Erfolg stattfinden, weil der Trab die ruhigste Haltung ermöglicht. Haben Sie Fortschritte in der Ausbildung und in der Anlehnung erzielt, »rudert« das Pferd weniger mit dem Kopf. Der Einfluss mit der fixierenden Hand ist jedoch mit Vorsicht anzuwenden: Hat das Pferd die Voraussetzungen hierfür noch nicht, gleicht es einer von außen »übergestülpten« Form, in die es hineingepresst wird. Deshalb müssen Sie mit der **Formung des Pferdes behutsam sein und dafür sorgen, dass durch Schulung des Körpers die Form von »innen« heraus entsteht.**
Erst das gut versammelte Pferd wird eine konstante Haltung in allen erdenklichen Situationen haben können.

## Übung 10. Piaffe, Spanischer Schritt, Passage und Verstärkungen als das Ergebnis gelungener Versammlung

Es gibt viele Wege, die PIAFFE zu erarbeiten. Eine Möglichkeit ist, dem Pferd den Anfang **an der Hand ohne das Reitergewicht** zu vermitteln. Für die Piaffe und den SPANISCHEN SCHRITT schauen Sie in unser Buch »Klassische Arbeit an der Hand«.

Ich empfehle mit der **Piaffe vor dem Spanischen Schritt** zu beginnen. Die Diagonalisierung kann mit Hilfe von Touchieren (gezielte Berührungen mit der Gerte) an unterschiedlichen Stellen aus dem Halt begonnen werden. Der gezählte Schritt eignet sich unter Umständen auch, um die ersten Piaffe-Tritte zu erarbeiten. Dieses Thema hier zu vertiefen, sprengt leider den Rahmen. Für mich **ist die Piaffe zunächst eine Balance fördernde Gymnastik und weniger eine Lektion**. Sie müssen allerdings genau schauen, dass sich die Piaffe gleich in die richtige Richtung entwickelt (siehe Abb. 3, Seite 7). Zurückgestemmte Vorderbeine sind genauso kontraproduktiv, wie eine zerdrückte oder nach vorne geschobene Hinterhand. Lassen Sie sich bei solchen Übungen von einem erfahrenen Trainer unbedingt unterstützen. Experimente ohne den Blick und das Gefühl für das Wesentliche können bleibende Probleme erzeugen.

Hat das Pferd die Balance durch die Piaffe weiter verbessert, können Sie beginnen, dem Pferd das **Anheben der Schulter und das Strecken des Vorderbeins** beizubringen. Das Pferd sollte gut geschlossen, parallel und vertikal stehen. Dann suchen Sie die richtige Touchier-Stelle am Vorderbein und bringen dem Pferd das Anheben der Schulter und des Beins bei. Hebt das Pferd Schulter und Bein, können Sie das Bein zum Strecken auffordern. Achten Sie darauf, dass das Pferd das Bein nicht aus dem Ellbogen streckt und die Schulter tief bleibt.

Können Sie dies sicher abrufen, lassen Sie das Pferd einen Schritt in dem Moment ausführen, in dem das Bein in der Luft ist. Versuchen Sie das Pferd gut an Ihre Hilfe zu bekommen, damit es nicht ständig die Vorderbeine hebt, auch wenn Sie dies nicht wollen. Die meisten Pferde bieten diese Übung gerne unaufgefordert an, was gefährlich werden kann.

Der Spanische Schritt braucht etliche Zeit, bis er gleichmaßig im Fluss geritten werden kann. Dann bietet er eine gute Grundlage für die PASSAGE. **Wechseln Sie den Spanischen Schritt und das**

Abb. 56, Übung 10: 13-jähriger Haflinger in der Piaffe an der Hand.

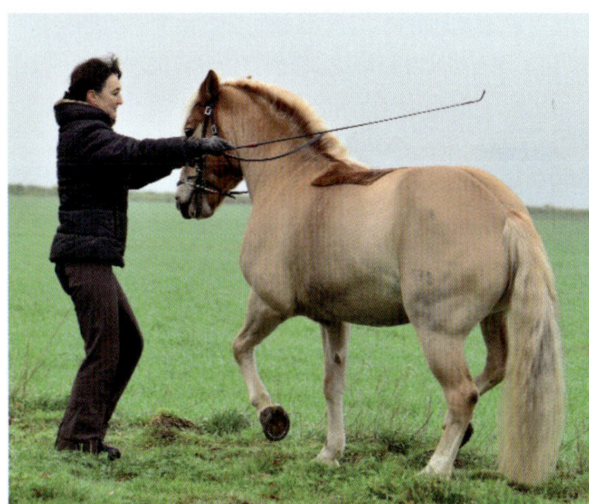

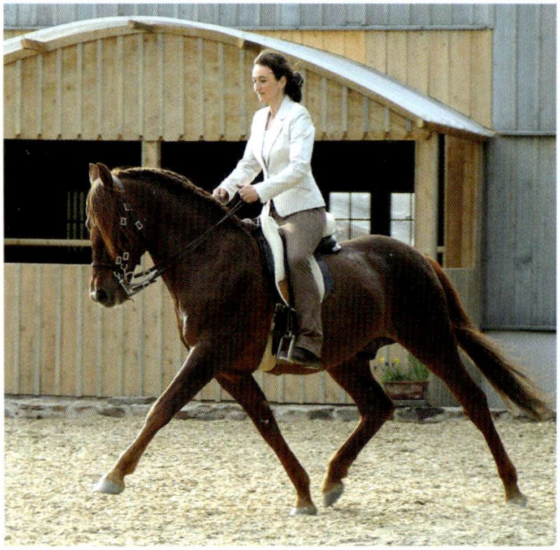

Abb. 57, Übung 10: Marialva, 13-jährig, in einer Trabverstärkung bei guter Aufrichtung, parallelen Beinpaaren und positivem Diagonal.

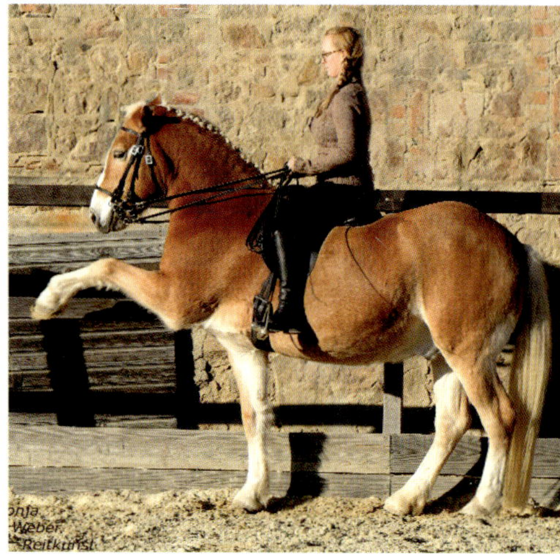

Abb. 58, Übung 10: Phyllis Rudolf auf ihrem 19-jährigen Haflinger beim Bein-Strecken, einer Vorübung für den spanischen Schritt mit gut angehobener Schulter.

**Antraben** ab, bis das Pferd eine erhöhte Schwebe beim Diagonalisieren im Trab zeigt.

Eine andere Möglichkeit, die Passage zu erarbeiten, ist durch **Erhöhen der Zugkraft den Schultrab in seiner Kadenz zu verstärken.**

Entwickeln Sie die **VERSTÄRKUNGEN** aus guter Versammlung. Dazu lassen Sie das Pferd vorsichtig nach vorne raus, ohne dass es die Balance verliert und in Eile gerät. Die langsame Entwicklung der Verstärkung sorgt für ihre Qualität. Wenn Sie dabei **ruhig im Sattel sitzen bleiben** können, haben Sie ein gutes Ergebnis der Rückentätigkeit erreicht (Abb. 57).

Lassen Sie das Pferd zunächst nur so weit verstärken, wie Sie es leicht wieder zurücknehmen können. Eine gute Verstärkung ist das Ergebnis guter Versammlung und sollte das Pferd nicht zurück in die Horizontalität bringen. Deshalb ist es so **wichtig, dass die Verstärkung am Ende der Ausbildung steht** und nicht zu früh geritten wird, weil dadurch die Horizontalität des Pferdes gefördert wird. Dies gelingt sowieso nur bei talentierten Pferden mit großen Bewegungen.

Pferde ohne Talent in den Bewegungen sind auf die Versammlung angewiesen, um Verstärkungen entwickeln zu können.

**Die Reitlehre der Deutschen Reiterlichen Vereinigung ist eine Lehre der Horizontalität, bei der in den allermeisten Fällen die Vertikalität nie erreicht wird. Sie ist demnach ungeeignet, um reelle Versammlung als Grundlage der Reitpferdeausbildung zu entwickeln.**

### Versammlung in allen Situationen – das Ergebnis

Haben Sie über viele Jahre Ihrem Pferd eine **fundierte Körperausbildung** zukommen lassen und die wichtigsten Probleme lösen können, kann es

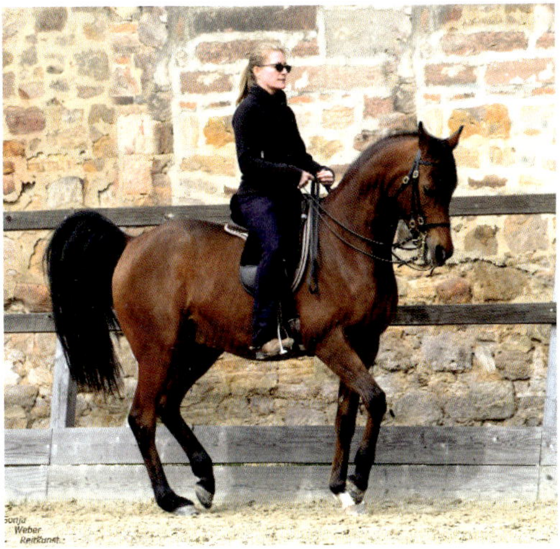

Abb. 59, Übung 10: Miriam Dorn auf ihrem 9-jährigen Vollblutaraber in einer kleinen Piaffe – ausbalanciert am Sitz in guter Selbsthaltung.

in einem sehr guten Gleichgewicht sein, auch wenn es nicht alle Lektionen gleichermaßen gut ausführen kann. Nicht jedes Pferd hat für alles Talent und das ist auch nicht nötig. Aber ein gutes Gleichgewicht ist ein wichtiges Ziel.
Baucher spricht vom **Gleichgewicht erster Art**, wenn das Pferd in jeder Situation absolut leicht bleibt und auch jede Veränderung, jeder Übergang, jeder Richtungswechsel, jeder Tempowechsel nicht zum Verlust der Leichtigkeit führt.
Er betont immer wieder, dass die **»weiche Mobilität des Unterkiefers« die Leichtigkeit** und das Gleichgewicht anzeigt. Dies sollte das Ziel von jedem engagierten Reiter und Pferdebesitzer sein.
Ich hoffe, ich konnte hier einen kleinen Beitrag zum Reiten in **Leichtigkeit** leisten!

## Schlussplädoyer

### Liebe Reiter, liebe Pferdebesitzer,

wir haben gesehen, dass die deutsche Reitausbildung verflacht ist und mit ihr die Pferde nicht mehr sinnvoll ausgebildet werden können. Mit modernen Erkenntnissen die Ausbildungswege zu hinterfragen ist ein wichtiger Ansatzpunkt.
Es gibt noch Vieles, von dem wir nichts Genaues wissen. **Auf der Basis des Wissens der alten Meister, die Dinge neu zu betrachten, und dabei mehr und mehr Forschungsergebnisse zu verarbeiten, liegt in unserer Verantwortung.** Zum Glück gibt es bereits einige Turnierreiter, die sich schon erfolgreich mit den neuen Erkenntnissen – z.B. dem Thema »Rotationen und vertikale Kräfte« – befasst haben. Auch im Sport werden diese Erkenntnisse mehr und mehr wegweisend werden.
Die Deutsche Reiterliche Vereinigung müsste sich in ihrer Lehre einerseits auf ihre Wurzeln in ihrer Fülle besinnen und andererseits diese modernisieren und sich den Tatsachen stellen. Wir haben nicht mehr die Situation wie beim Militär, wo für einfache Soldaten alles vereinfacht, vereinheitlicht und damit verflacht werden musste.
Auch für den Breitensport ist es möglich, wichtige Grundsätze zu beachten und die Pferde nicht »aus ihrer Balance herauszutreiben« und dabei in eine »Zwangsjacke der Hilfen« zu stecken, die den Körper beschädigt. Deshalb wünsche ich mir, dass es viele kritische Reiter geben wird, die auf das Pferd schauen und nicht nur das tun, was man »schon immer so gemacht hat«, sondern die sich für das Wohlergehen der Tiere und deren sinnvolle Ausbildung einsetzen!

## Übersicht über Nutzen und Gefahren der einzelnen Übungen

| Übung | Nutzen bei korrekter Ausführung | Gefahren bei falscher Ausführung |
|---|---|---|
| Übung 1. Stehen, Haltung erzeugen, Maul mobilisieren und anreiten | Der Anfang der Vertikalität; Schaffen einer ausbalancierten Ausgangsbasis durch Anheben der Halsbasis; Entspannung; Angehen ohne auf die Schultern zu fallen; Beckentätigkeit; Training der vertikalen Kraft der Hinterhand | Unruhe, Aufregung, Verspannung; Stauchen des Hals/Brustübergangs; Körper wird trotzdem über die Vorhand geschoben |
| Übung 2. 90°-Wendungen und Ecken | Mobilisierung der Schultern, der Brustwirbelsäule und der Hüften; Lösen von Verspannungen beim Anhalten; fördert die Aufrichtung | Abknicken an der Halsbasis, läuft über die Schulter weg, geht einen Bogen statt einer Ecke oder macht Ausweichbewegungen |
| Übung 3. Reiten auf gebogenen Linien und Volten | Pferd bekommt Schulterbalance, Längsbiegung mit korrekten Rotationen, Stabilität im Hals/Schultergürtel/Brustbereich; kräftigt das innere Hinterbein; Geraderichtung | Pferd knickt an der Halsbasis ab, läuft über die Schulter weg; bekommt keine korrekte Stellung; Verstärkung der Schiefe durch falsche Rotationen, weil die Schiefe mit gegenläufiger Rotation verbunden ist; Ausweichbewegungen |
| Übung 4. Der Beginn der Seitengänge - Seitengänge ohne Biegung | Beweglichkeit von Schultern, Rücken und Becken, Koordination von tragenden Seitwärtsbewegungen in gemäßigtem Kreuzen und Spreizen, Schulterkontrolle, Geraderichtung; Erlernen der seitwärtstreibenden Hilfen | Seitlich ausweichende, schiebende Seitwärtsbewegungen, die mit Balanceverlust verbunden sind; Balanceverlust; gegenläufige Rotationen; übertriebenes Kreuzen und Spreizen erzeugt Scherkräfte; schiebt sich über die Vorhand beim Seitwärts; Ausweichbewegungen; Verstärkung der Schiefe |
| Übung 5. Seitliche Biegeübungen | Lockerung des Mauls, Entspannung, Beweglichkeit im Genick, Lösen von Blockaden der Wirbelsäule, Lösen des Übergangs Hals-/Brustwirbelsäule; Längsbiegung mit korrekten/transversalen Rotationen; Beweglichkeit der Wirbelsäule durch gleichmäßige Rotationsmöglichkeiten | Etablierung gegenläufiger Rotationen; Abknicken an der Halsbasis, läuft über die Schulter weg; Destabilisierung des Halses; Balanceverlust; Ausweichbewegungen; Verstärkung der Schiefe |
| Übung 6. Lektionsmäßige Seitengänge | Steigerung der Vertikalität und der Längsbiegung mit korrekten Rotationen, Hankenbeugung, Beweglichkeit, Training der Rückenmuskulatur + Beckenrotationen, Bearbeitung der Schiefe/des Rotationsproblems, Verbesserung von Koordination und Balance | Etablierung gegenläufiger Rotationen; Abknicken an der Halsbasis, über die äußere Schulter weglaufen, Balanceverlust; Ausweichbewegungen; Verstärkung der Schiefe |

| | | |
|---|---|---|
| Schulterherein, Konterschulterherein | Anheben der Brustwirbelsäule, Längsbiegung mit korrekten/transversalen Rotationen, Training der vertikalen Kraft der Vorhand; Hankenbeugung; Beckenrotation von oben/hinten/innen nach unten/vorne/außen | Abknicken an der Halsbasis, dadurch über die äußere Schulter weglaufen, Etablierung falscher Rotationen; Balanceverlust; Ausweichbewegungen; Verstärkung des Rotationsproblems, was die Schiefe verursacht |
| Schultervor | Anheben der Brustwirbelsäule, Längsbiegung mit korrekten und verringerten Rotationen; Stabilisierung der Wirbelsäule zur Versammlung | Abknicken an der Halsbasis, dadurch über die äußere Schulter weglaufen |
| Travers, Traversalen, Renvers | Aufrichtung der Halsbasis; Schulterfreiheit; Längsbiegung mit korrekten Rotationen; Balanceverbesserung; Aktivität und Training der vertikalen Kraft der Hinterhand, Beckenrotation von oben/hinten/außen nach unten/vorne/innen | Abknicken an der Halsbasis, Etablierung falscher Rotationen; Balanceverlust; zu starkes Kreuzen und Spreizen führen zu schiebenden Ausweichbewegungen; Verstärkung der Schiefe |
| Übung 7. Rückwärtsrichten | Aufrichtung der Halsbasis; Schulterfreiheit; Anheben der Brustwirbelsäule; Hankenbeugung; Verbesserung der Diagonalisierung; Balanceverbesserung | Vorderbeine schleifen am Boden; Pferd bleibt vorne tief und eilt; unkoordinierter Ablauf; zerdrückte oder untergeschobene Hinterhand; Belastung durch falsche Rücken- und Beckentätigkeit; Aufregung |
| Übung 8. Trabarbeit | Verbesserung der Diagonalisierung mit positiven Diagonalen; vermehrte seitliche Bewegungen der Wirbelsäule; konstantere Kopf-/Halshaltung; Erhöhung der Kadenz | Zurückfallen auf die Schultern; Davoneilen; Trab gelaufen; negative Diagonale mit kurzen Tritten; Verspannung durch Balanceverlust |
| Übung 9. Galopparbeit | Kräftigung der Lende, Stabilisierung der Hals-Basis, vermehrte Auf- und Abwärts-Bewegungen der Wirbelsäule, Balance-Verbesserung bei relativ ruhiger Kopfhaltung | Galopp nicht im Dreitakt oder Takt geht verloren; Laufen statt Springen; Eilen in Kurvenlage bei falscher Rotation, Reiter wird nach außen gesetzt; Über-die-Schulter-Weglaufen beim Wenden; starkes »Paddeln« mit Kopf und Hals |
| Übung 10. Piaffe Spanischer Schritt, Passage und Verstärkungen als das Ergebnis gelungener Versammlung | Rundung des Pferdes; Balance-Verbesserung; Aufrichtung der Halsbasis; extreme Schulterfreiheit; Anheben der Brustwirbelsäule; Hankenbeugung; Kraft für höchste Kadenz; runde Bewegungen; Anwendung der Versammlung für Raumgriff | V-förmige Piaffe durch abgesackte Halsbasis und Balanceverlust; Aufregung; Beinstrecken aus dem Unterarm bei tiefer Schulter und Eile; Verspannung im Rücken; Hinterhand läuft nicht mit; Schwanken und Beine laufen auf einer Linie oder Kreuzen der Beine; Spanntritte; kommt ins Laufen durch Vorhandlastigkeit; Taktverlust, Eile |

## Quellenverzeichnis

Albrecht, Kurt (1996) »Reiterwissen: erlesen und erfahren«; Stuttgart: Franckh-Kosmos Verlag

Baucher, François (2009) »Das neue System vom Reiten und Ausbilden – Grundsätze und Methoden« 13. Auflage (1. Auflage 1867); Schwarzenbek: Cadmos Verlag

Clayton, Hilary; »The Significance of a Horse's Chest Sling Muscles« abgerufen am 12.01.2019 http://dressageheadlines.com/articles/dressage/significance-horse%E2%80%99s-chest-sling-muscles-biomechanic-research-hilary-clayton?fbclid=IwAR0OSkurYpfBzTxjFMKDSNNVmKue9oDMi-eWSZepzOieR4BOOHB1Y6xmKKk

Cornille, Jean Luc (2018) »Can you love your horse and still be a winner?« https://www.horsetalk.co.nz/2018/09/04/love-horse-still-be-winner/ abgerufen am 9.9.2018; übersetzt von Google

Deutsche Reiterliche Vereinigung https://www.pferd-aktuell.de/grundausbildung/ausbildungsskala/ausbildungsskala; abgerufen am 1.9.2018
»Richtlinien für Reiten und Fahren Band 2« der Deutschen Reiterlichen Vereinigung 1997; 13. Auflage 2001 (Nachdruck 2012) Warendorf: FN-Verlag

De la Guérinière, François Robichon (1989) »Reitkunst« (1. Auflage 1817); Hildesheim; Zürich; New York: Olms Presse

Karl, Philippe (2006) »Irrwege der modernen Dressur«; Brunsbek: Cadmos Verlag

Lienhard, Lars (2017) http://neuro-athletic-training.com/893-lars-lienhard-die-zunge-als-katalysator-fur-motorisches-lernen/ ; abgerufen am 15.8.2018

Meinart, Patrick (2018) »Mobility – Das große Handbuch«; München: Verlagsgruppe Riva

Racinet, Jean-Claude (2009) »Auf dem falschen Fuß«; Schwarzenbek: Cadmos Verlag

Seunig, Waldemar (1996) »Von der Koppel bis zur Kapriole« (Nachdruck von 1943); Hildesheim; Zürich; New York: Olms Presse

Steinbrecht, Gustav (1995) »Das Gymnasium des Pferdes« 16. Auflage (1. Auflage 1884); Aachen: Verlag Dr. Rudolf Georgi

Wätjen, Richard L. (1966) »Das Dressurreiten« (6. Auflage); Berlin, Hamburg: Paul Parey Verlag

Weber, Sonja, Diacont, Kerstin (2018) »Klassische Arbeit an der Hand – für starke und gesunde Pferde«; Stuttgart: Müller Rüschlikon Verlag

Widdra, Klaus (2007) »Xenophon Reitkunst«; Schondorf: Wu Wei Verlag

## Danksagung

Besonders danken möchte ich meinem geliebten Mann Ingmar Maurer, der mir mit Rat und Tat zur Seite stand und für viele schöne Fotos sorgte. Außerdem war mir der fachliche Austausch mit meiner langjährigen Lehrerin Katrin Müller und meiner Kollegin Konstanze Kopta eine wunderbare Unterstützung und Bereicherung. Danke auch an die Tierärztin Dr. Sinja Guth, die mich mit der medizinischen Perspektive und vielen Gesprächen inspiriert hat. Weiter gilt mein Dank der begabten Fotografin Sabine Grosser und allen Fotografen, deren Fotos hier einen wichtigen inhaltlichen Beitrag leisten. Der Reitlehrerin (FN) Miriam Dorn danke ich für ihre konstruktiven Anregungen beim Text.

Auch bedanke ich mich bei all meinen Kunden, die mir in der Arbeit mit ihnen großes Vertrauen entgegenbringen, sodass ich die vielen Erfahrungen verarbeiten und hier weitergeben kann. Besonders nützlich sind die Fotos meiner Kunden, die ich hier verwenden durfte! Danke dafür! Natürlich bin ich all den Pferden dankbar, die sich so hingebungsvoll auf die Arbeit eingelassen haben, und meinen Lehrern, die mich jeweils eine Zeit lang auf meinem Weg unterstützen konnten!

Nicht zuletzt gilt mein Dank Claudia König, die mich zu diesem Buch aufforderte, sowie Kerstin Diacont für das gelungene Layout.

Falls dieses Buch bei ihnen Interesse an dem Thema »Versammlung« geweckt hat, kann ich Ihnen die gleichnamige Filmreihe empfehlen. Diese finden Sie auf meiner Homepage: www.sonja-weber-reitkunst.de oder www.sonja-weber-reitkunst.de/filme/
Zusätzlich kann ich Ihnen mein erstes Buch »Klassische Arbeit an der Hand – für starke und gesunde Pferde« in Kooperation mit Kerstin Diacont empfehlen. Es ist ebenfalls hier im Müller-Rüschlikon Verlag erschienen.

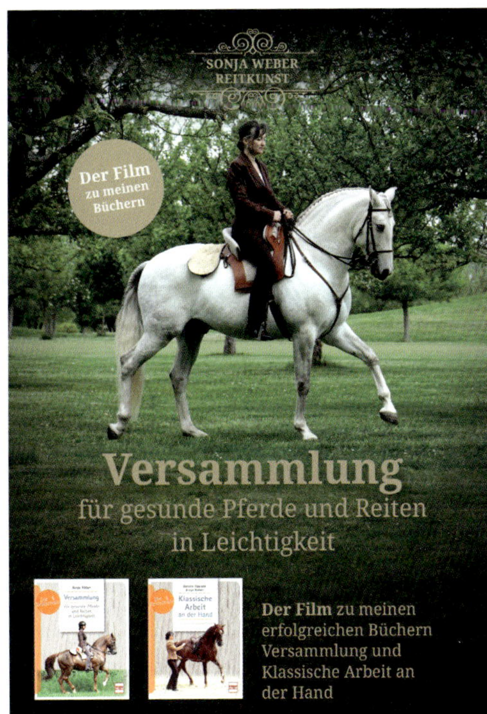

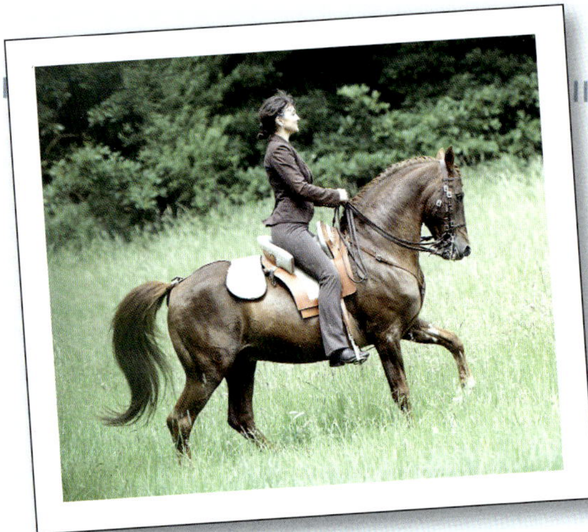

# Sonja Weber

Sonja Weber bildet seit über 25 Jahren hauptberuflich bei Frankfurt/Main/Deutschland Pferde und Reiter in der Tradition der »Légèreté« aus. Sie lernte bei Ausbildern wie zum Beispiel Marc de Broissia, Philippe Karl, Katrin Müller, Manuel Jorge de Oliveira u.v.a.
»Von der Basis bis zur Hohen Schule« steht für sie die Gesunderhaltung des Pferdes durch die Ausbildung im Mittelpunkt.
Sonja Weber engagiert sich in einer Reitkultur, die auf Dialog und Austausch mit Kollegen fokussiert ist, wobei die klassischen Inhalte mit modernen wissenschaftlichen Erkenntnissen geprüft und untermauert werden.
Außerdem hat sie ein Diplom in Biologie mit Fachrichtung Pferdeverhalten. Sie ist als Autorin auch in Pferdefachmagazinen tätig und gibt Seminare, in denen sie über die Gesunderhaltung der Pferde durch geeignete Ausbildung referiert.

Weiter hat Sonja Weber einen Master of Arts in Coaching, Supervision und Organisationsentwicklung. Dies qualifiziert sie zu pferdegestütztem Führungskräftetraining und erweitert ihr Repertoire um psychologische Grundlagen, die es ihr emöglichen, den Unterricht für ihre Kunden sehr individuell und personenzentriert zu gestalten.

Webseite: www.sonja-weber-reitkunst.de
Facebook: Sonja Weber Reitkunst

# Unsere Erfolgsreihen auf einen Blick

## Die Reitschule (Auswahl)

Urte Biallas, **Bodenarbeit**, ISBN 978-3-275-01708-9
Kerstin Diacont, **Horsemanship-Training**, ISBN 978-3-275-02058-4
Kerstin Diacont, Sonja Weber **Klassische Arbeit an der Hand**, ISBN 978-3-275-021
Kerstin Diacont, **Seitengänge für feines Reiten**, ISBN 978-3-275-02137-6
Kerstin Diacont, **Richtig Schritt reiten**, ISBN 978-3-275-02225-0
Kerstin Diacont, **Den Trab richtig reiten**, ISBN 978-3-275-02241-0
Kerstin Diacont, **Den Galopp richtig reiten**, ISBN 978-3-275-02273-1
Monika Hannawacker, **Zirkuslektionen**, ISBN 978-3-275-01831-4
Monika Hannawacker, **Reiten mit Halsring und gebisslosen Zäumungen**, ISBN 978-3-275-02288-5
Andrea Lipp, **Arbeit am Langen Zügel für Einsteiger**, ISBN 978-3-275-02226-7
Britta Schön, **Fit für die A-Dressur**, ISBN 978-3-275-02059-1
Sabine Schweickert, **Fahren für Einsteiger**, ISBN 978-3-275-02169-7
Viviane Theby, **So lernen Pferde**, ISBN 978-3-275-02081-2
Sigrid Weppelmann/Sandra Mensmann, **Longieren**, ISBN 978-3-275-01727-0
Inga Wolframm, **7 Schritte zum angstfreien Reiten**, ISBN 978-3-275-02054-6

## Die Hundeschule (Auswahl)

Annegret Bangert, **Begleithund-Prüfung**, ISBN 978-3-275-02179-6
Petra Krivy/Angelika Lanzerath, **Was ein Welpe lernen muss**, ISBN 978-3-275-02292-2
Petra Krivy/Angelika Lanzerath, **Hunde verstehen**, ISBN 978-3-275-02116-1
Petra Krivy/Angelika Lanzerath, **Einfach gut erzogen**, ISBN 978-3-275-02082-2
Petra Krivy/Angelika Lanzerath, **Mein Hund im Flegelalter**, ISBN 978-3-275-02115-4
Monika Schaal/Ursula Daugschieß-Thumm, **Lockere Leine**, ISBN 978-3-275-02161-1
Monika Schaal/Petra Rammelsberger, **Bodenarbeit mit Hunden**, ISBN 978-3-275-02158-1
Monika Schaal, **Der Weg zum aufmerksamen Hund**, ISBN 978-3-27502201-4
Julia Schuster/Jochen Schleicher, **Dog Frisbee**, ISBN 978-3-275-01755-3
Karen Uecker, **Hunde spielend motivieren**, ISBN 978-3-275-01998-4

Jedes Buch mit 96 Seiten,
ca. 80 Abb., broschiert,
ab ca. € 11,95 / € (A) 12,40